SER CRISTÃO

DESCOBRINDO A CONEXÃO
MAIS IMPORTANTE

STEPHEN ARTERBURN
E JOHN SHORE

SER CRISTÃO

DESCOBRINDO A CONEXÃO MAIS IMPORTANTE

Tradução
Marson Guedes

Vida

Vida

EDITORA VIDA
Rua Isidro Tinoco, 70 Tatuapé
CEP 03316-010 São Paulo, SP
Tel.: 0 xx 11 2618 7000
Fax: 0 xx 11 2618 7030
www.editoravida.com.br

Copyright© 2008 por Stephen Arterburn e John Shore
Publicado originalmente em inglês com o título:
Being Christian
por BETHANY HOUSE,
uma divisão do Baker Publishing Group
(Grand Rapids, Michigan, 49516, USA)
Todos os direitos reservados.

∎

*Todos os direitos em língua portuguesa
reservados por Editora Vida.*

PROIBIDA A REPRODUÇÃO POR QUAISQUER MEIOS,
SALVO EM BREVES CITAÇÕES, COM INDICAÇÃO DA FONTE.

∎

Editor responsável: Sônia Freire Lula Almeida
Editor-assistente: Gisele Romão da Cruz Santiago
Revisão de tradução: Rodolfo Ortiz
Revisão de provas: Josemar de Souza Pinto
Diagramação: Karine dos Santos Barbosa
Capa: Arte Peniel (adaptação)

Scripture quotations taken from *Bíblia
Sagrada, Nova Versão Internacional, NVI* ®
Copyright © 1993, 2000 by International Bible
Society ®. Used by permission IBS-STL U.S.
All rights reserved worldwide. Edição publicada
por Editora Vida, salvo indicação em contrário.

∎

Todas as citações bíblicas e de terceiros foram adaptadas
segundo o Acordo Ortográfico da Língua Portuguesa,
assinado em 1990, em vigor desde janeiro de 2009.

1. edição: dez. 2010

**Dados Internacionais de Catalogação na Publicação (CIP)
(Câmara Brasileira do Livro, SP, Brasil)**

Arterburn, Stephen
    Ser cristão: descobrindo a conexão mais importante / Stephen
Arterburn e John Shore; tradução Marson Guedes. — São Paulo: Editora
Vida, 2010.

    Título original: *Being Christian*.
    ISBN 978-85-383-0185-1

    1. Cristianismo. 2. Vida cristã I. Shore, John. II. Título.

10-10612   CDD-248.4

Índices para catálogo sistemático:
1. Vida cristã : Cristianismo   248.4

Para Sharon Barnes, que mostrou para mim, para minha filha Madeline e para todos na New Life o que é ser cristão. Durante momentos bons e ruins, independentemente de tudo, ela simplesmente foi cristã para aqueles afortunados que a conheceram.

STEPHEN ARTERBURN

Para minha esposa, Catherine, que todos os dias me mostra o que significa viver com o amor de Deus.

JOHN SHORE

Ele se levantou, repreendeu o vento e disse ao mar: "Aquiete-se! Acalme-se!" O vento se aquietou, e fez-se completa bonança. Então perguntou aos seus discípulos: "Por que vocês estão com tanto medo? Ainda não têm fé?".

Eles estavam apavorados e perguntavam uns aos outros: "Quem é este que até o vento e o mar lhe obedecem?"
(Marcos 4.39-41).

Sumário

Introdução 13

Seção I: Deus pelo lado de dentro 21

Capítulo 1: Deus e você 23

Qual é a coisa mais importante na qual devo acreditar para oficialmente ser considerado cristão? 23
Quem exatamente é o Espírito Santo? 27
Faz sentido Deus ser ao mesmo tempo Pai, Filho e Espírito Santo? Como? 30
O que significa "salvo pela graça"? 34
A expressão "nascido de novo" se refere a quê? 38
Como sei que o amor de Deus por mim é pessoal? ... 39
Deus tem um plano para mim? 42
Como aprofundo meu relacionamento com Deus? 43
Tem algo que posso dizer a mim mesmo para sempre me lembrar de como é o relacionamento verdadeiro e apropriado com Deus? 47
O que é oração? 49
Como oro? 51
Preciso ser "puro" antes de me aproximar de Deus? ... 54
Devo "dar graças" antes de cada refeição? 57
Quando minhas orações não são atendidas, o que isso significa? 59
Como identifico a presença de Deus ao meu redor a qualquer momento? 66
Por que Deus permite a existência do mal? 69

Por que Deus permite a existência do mal "natural", de terremotos, doenças e coisas do tipo?........... 72
Como mantenho minha fé em Deus depois do que parece ser uma tragédia sem sentido?................ 75
Se Deus é real, por que não *prova* de uma vez por todas que existe?................ 77

Capítulo 2: Deus, você e os outros 83

Qual deve ser minha atitude diante de cristãos com ideias ou entendimento diferentes dos meus quanto ao cristianismo?....... 83
Qual é o Grande Mandamento? O que o faz ser grande?........... 85
Como cumpro o Grande Mandamento?............ 86
Como se faz para viver à altura do padrão estabelecido no Grande Mandamento?............ 90
O que é a Grande Comissão? O que a faz grande?............ 92
Preciso evangelizar os não cristãos que fazem parte da minha vida?............ 94
Qual deve ser minha atitude diante dos não cristãos que fazem parte da minha vida?............ 96
Uma vez que sou salvo, o rompimento entre minha vida antiga e a nova deve ser definitivo?............ 99
E se meu cônjuge ou membro da família não for cristão?.......... 103
Como reajo diante de pessoas que atacam minha fé recém-adquirida em Cristo?............ 106
Ser cristão significa que preciso perdoar todos pelas coisas ruins que fizeram a mim?............ 108
Sou obrigado a orar por meus inimigos?............ 113
Como posso ter mais compaixão por outras pessoas?........... 116

Sumário

Faz parte de ser cristão sentir-se obrigado a agir com outras pessoas com mais bondade do que de fato tenho em relação a elas? 119

Como se aprende a agir com outras pessoas usando de mais bondade do que de fato tenho? 122

Existe esse negócio de ser bondoso demais? 123

O que faço se estiver em um relacionamento ruim? 126

Qual é a melhor maneira de compreender os líderes cristãos "caídos"? Como lidar com isso? 130

Qual é a melhor maneira de compreender os membros "caídos" da igreja? Como lidar com isso? 135

Capítulo 3: Todo mundo: pecado, a constante humana 139

O que é pecado? 139

O que é "pecado original"? 141

Por que é importante que os cristãos confessem seus pecados? 146

Por que o arrependimento é tão importante para mim? 149

O que é a "propiciação" de Cristo? 153

Por que a ressurreição de Cristo é tão importante para mim? .. 160

Por que o orgulho é considerado um pecado tão central e perigoso? 164

É possível eu deixar de me comportar de maneira pecaminosa? 167

Existe algum pecado que esteja fora do alcance do perdão? 170

Ser cristão vai me livrar dos meus hábitos nocivos? 174

O que posso fazer quanto à culpa que abrigo por algo errado que fiz? 177

Como identifico se algo que estou fazendo, ou pensando em fazer, é a coisa certa? 183

SER CRISTÃO

O que há de errado ao se vestir de maneira *sexy*?............. 185

Seção II: Deus pelo lado de fora.................................. 189

Capítulo 4: A Bíblia: O que exatamente é a Bíblia?............. 191

A que exatamente se referem citações como Mateus 1.20,21?...... 195
O que é o Antigo Testamento?..................................... 196
Sendo cristão, preciso me importar com o Antigo Testamento?.... 198
Quais são algumas das principais personagens do Antigo
Testamento?... 201
Naturalmente, a pergunta seguinte é: "Quais são algumas das
personagens principais do Novo Testamento?". Por que fazer
essa pergunta é parecido com fazer a pergunta: "Por que é tão
divertido dirigir um avião?"....................................215
Quanto tempo se passou entre os Testamentos?................... 217
O que é o Pentateuco?... 218
O que é a *Septuaginta*?.. 218
O que é a *Vulgata*?.. 221
O que são os Apócrifos?... 222
"Jesus Cristo" é nome e sobrenome, como "João Silva" ou
"Carlos Astromenegildo?".. 223
O que são os Evangelhos?.. 224
O que é uma parábola?... 226
Por que existem tantos tipos de Bíblias?........................ 229
Como descubro qual Bíblia é melhor para mim?.................... 238
O que é uma concordância bíblica?............................... 239
O que é uma Bíblia arranjada em cadeias temáticas?.............. 241
O que é um devocional?.. 242

Sumário

Ler a Bíblia é importante para meu crescimento espiritual? 243
Qual é o melhor jeito de ler a Bíblia? 245
Devo entrar em um grupo de estudo bíblico? 247

Capítulo 5: A igreja 249

Por que é tão importante ir à igreja? 249
Por que a igreja é considerada o corpo de Cristo? 251
Como encontro a igreja certa para mim? 253
Qual é o tamanho do impacto que a personalidade do pastor costuma ter em sua igreja? 258
Qual é a estrutura organizacional da maioria das igrejas? 259
Secretária da igreja! 263
Por que existem tantas denominações cristãs? 264
Quantas pessoas pertencem a cada uma das principais denominações protestantes? 269
O que é uma igreja não denominacional? 270
O que é uma megaigreja? 270
O que é um cristão evangelical? 271
O que é um cristão fundamentalista? 273
O que é "falar em línguas"? 275
O que é "imposição de mãos"? 276
O que é o batismo? 278
O que é um "pequeno grupo" na igreja? 280
Devo entrar em um pequeno grupo em minha igreja? 282
O que é uma igreja litúrgica? 283
O que é o "ano eclesiástico"? 284
O que é um lecionário? 288

11

SER CRISTÃO

O que são os sacramentos?.. 289
O que é o "dízimo"?.. 293

Sobre os autores... 301

INTRODUÇÃO

Você tem curiosidade sobre o cristianismo? Em tempos recentes, passou a sentir a mão de Deus sobre sua vida, a perceber que ele sempre o está guiando gentilmente à aceitação da verdade de que, cerca de dois mil anos atrás, ele de fato se manifestou entre nós como o homem que a História conhece como Jesus Cristo? Existe algo que o impulsiona a ignorar aquilo que a sempre maníaca mídia está vociferando sobre o cristianismo esta semana e, em vez disso, descobrir por si mesmo aquilo que as verdades eternas de Jesus podem estar esperando para oferecer a você?

Se você se encontra nessa situação, esperamos que esteja animado com aquilo que parecem ser palavras de Deus para sua vida nestes dias.

Ou, quem sabe, não seja exatamente essa a sua situação. Talvez você já esteja mais adiantado na caminhada. Talvez já esteja segurando com firmeza na mão do Senhor; talvez já se tenha entregado àquele que se entregou por você. Talvez, por causa desse novo relacionamento com ele, esteja naquela fase empolgante e bendita da vida de todo cristão em que só queremos conhecer o Senhor mais e mais a cada dia.

Ou, ao contrário, talvez você se encontre no fim de um período de vida que teve início quando passou a sentir que o conhecia bem *demais* — quando ficou entediado ou inquieto com Deus e, em consequência disso, buscou alívio e sustento em pastagens que na época pareciam mais atraentes, mas que no fim não foram nada divertidas.

Talvez você tenha acabado de sair de uma enfermidade espiritual ou dúvida existencial que, às vezes, pode atropelar até mesmo o mais dedicado dos seguidores de Cristo. Talvez agora, como o filho pródigo, você esteja querendo voltar aos braços do Pai, o qual nem por um momento o deixou de amar.

Talvez nada disso descreva sua situação. Talvez você seja uma pessoa que ama o Senhor faz muito tempo, que não vagueou para longe de Jesus, mas que está sentindo a necessidade de uma recarga de apreço e entusiasmo por ele. Talvez você simplesmente tenha criado uma aversão à "religião" e só esteja procurando rejuvenescer um amor mais direto por Jesus.

Esteja onde estiver ao longo da escalada cristã — avidamente curioso, recém-comprometido, repentinamente salvo, um afastado que retornou dedicado em busca de revigoramento —, este livro é para você.

É verdade que pessoas diferentes têm necessidades espirituais diferentes em momentos diferentes da vida. Apesar disso, todas as pessoas têm as mesmas necessidades espirituais básicas. Elas precisam de respostas, orientação, confirmação e inspiração. É da seguinte

Introdução

maneira que, em nossa opinião, este livro satisfaz todas as quatro necessidades.

Respostas

Fizemos perguntas a muitas pessoas — também pensamos e oramos bastante — a fim de descobrir quais são as perguntas sobre o cristianismo, e questões relacionadas, que até mesmo cristãos experientes querem às vezes ver respondidas. *Ser cristão* não é uma cartilha do cristianismo. Entretanto, levanta uma vasta gama das perguntas mais fundamentais e centrais da fé e responde a elas. Assim, você descobrirá que nossa resposta para cada pergunta, embora sempre (se ousarmos nós mesmos dizer tal coisa) direta e clara, é também influenciada por toda profundidade de sentimentos e reflexões que o Senhor dá a qualquer um que creia nele, que estude e o busque com sinceridade.

Perguntas do tipo "Como aprofundo meu relacionamento com Deus?", "E se meu cônjuge ou membro da família não for cristão?", "Como posso ter mais compaixão por outras pessoas?" e "Como mantenho minha fé em Deus depois do que parece ser uma tragédia sem sentido?" podem parecer simples — e de fato, a seu modo, elas realmente são —, mas inúmeros livros já foram escritos sobre essas e outras perguntas "simples". Neste livro, demonstramos como as perguntas e respostas que propomos são igualmente simples e complexas. Nossa esperança é que, ao tratá-las assim, tenhamos conseguido fazer que elas se tornem o que mais desejamos que sejam: catalisadoras de uma compreensão mais recompensadora e de uma experiência mais direta com Deus.

Orientação

Percebendo que isso cobriria muito bem os temas, dividimos as perguntas deste livro em duas seções principais: *DEUS pelo lado de dentro*, e *DEUS pelo lado de fora*. As perguntas e respostas encontradas na seção *DEUS pelo lado de dentro* estão divididas em três capítulos: "Deus e você", "Deus, você e os outros" e "Todo mundo: pecado, a constante humana". As perguntas e respostas encontradas na seção *DEUS pelo lado de fora* recaem em dois capítulos: "A Bíblia" e "A igreja". Essa estrutura permite que você localize no menor tempo possível — usando o sumário — qualquer pergunta que porventura vier à sua mente. Isso facilita a tarefa de modificar ou personalizar prontamente o livro de acordo com as necessidades de estudos de qualquer pessoa ou grupo.

Além disso, procuramos fazer deste livro um guia para intensificar seu relacionamento com Deus usando dois meios. Em primeiro lugar, asseguramo-nos de que as respostas para as perguntas combinam dois tipos de material: o factual e o espiritual. É bem fácil responder a perguntas para satisfazer o intelecto: procuramos dar respostas que ao mesmo tempo sirvam de guia na direção da fonte

Introdução

e substância de todo conhecimento. Em segundo lugar, usamos as próprias perguntas como meios de orientação espiritual. "Quem exatamente é o Espírito Santo?" e "Por que o arrependimento é tão importante para mim?" são tipos de perguntas que se prestam a respostas capazes de iluminar a mente *e* o coração. Procuramos dar respostas que servissem aos dois objetivos.

Confirmação

Cremos que, em algum nível de sua existência, todas as pessoas que fazem perguntas sobre Jesus já sabem qual é a resposta. Cremos que o desafio singular para todas as pessoas — cristãos, não cristãos, gente com dúvidas e qualquer pessoa em algum ponto intermediário — é o de se despojarem de tudo que há nelas que se interponha entre elas e o amor pleno e inevitável de Jesus. Temos certeza de que as pessoas não conseguem deixar de perceber em torno delas, e em seu interior, a constante, estável e majestosa presença de Deus.

Cremos então que, num sentido bem real, as pessoas estão menos interessadas em saber o que *não* sabem do que em ter uma confirmação definitiva do que desejam muito saber, ou seja, que Deus é o melhor que se pode obter e que Jesus Cristo foi e é Deus vindo à terra como homem a fim de se sacrificar e servir de expiação por seus pecados. Sem nenhuma tentativa de desprezar o intelecto de ninguém, nem sua capacidade de raciocínio, respondemos a cada questão focados em afirmar o conhecimento inato de Deus que, supomos, foi muito provavelmente vivificado na alma daqueles que, primeiramente, fizeram a pergunta.

Inspiração

Em última análise, crer na realidade de Deus é um salto dramático do conforto da vida calma e cotidiana de nosso mundo mecanicista para a bendita queda livre que acontece quando sabemos que Deus está atrás, na frente, dos lados e por cima, e em tudo entre esses limites. Algo precisa despertar a simpatia que uma pessoa tem por Deus e convertê-la do teórico para o factual, do pensamento ou mesmo da esperança de que Deus é real para o *conhecimento* de que ele o é. Evidentemente, ele é nossa maior esperança de que, por meio do poder do Espírito Santo, nossas palavras possam em algum momento fornecer a faísca catalisadora que transforma aquele que busca naquele que encontra. E estamos confiantes de que, se algo escrito aqui chegar a provocar uma ocorrência dessa magnitude, estará mais relacionado com o que não escrevemos do que com as coisas que escrevemos.

Sabemos que podemos indicar a alguém a direção que leva a Deus, mas nunca se pode forçar ninguém a ter um relacionamento com ele. Em última análise, a fé é um salto voluntário, e não existem saltos sem espaço entre a origem e o alvo. Ao longo do livro, esforçamo-nos

Introdução

para manter em mente que frequentemente a melhor maneira de honrar o resultado final do maior de todos os saltos é honrar a integridade do espaço que precisa ser superado.

Esperamos sinceramente que, por meio das perguntas, respostas e da maneira pela qual foram organizadas, *Ser cristão* se tornará para você um meio para entender melhor ou para descobrir seu relacionamento com Deus. O propósito é chamar você para ir além deste livro: é inspirar você a intensificar seu relacionamento com Deus por meio do estudo, da oração e da reflexão; é mais livremente amar e travar relações com cristãos e não cristãos em sua vida; é ter melhor compreensão e lidar melhor com o pecado; é travar relações mais regulares e eficientemente com Deus por meio da glória de sua Palavra; e é ajudar você a tornar-se um membro ativo e informado de uma igreja na qual se sinta alimentado, encorajado e desafiado.

Seja você quem for, e onde se encontrar no caminho que leva a Deus, nós o convidamos a vir conosco, enquanto chegamos cada vez mais perto daquele de quem todos nos originamos e com quem, se apenas crermos, um dia voltaremos em glória.

SEÇÃO I

DEUS
pelo lado de dentro

Capítulo 1

Deus e você

Pelo fato de Deus, fé e igreja parecerem temas grandes demais para serem tratados, fica fácil esquecer que a única coisa que realmente importa é seu relacionamento com Deus Pai, seu Filho Jesus Cristo e o Espírito Santo. Esse é o relacionamento mais profundo e pessoal que você chegará a experimentar. Por isso, vamos gastar algum tempo falando sobre o que significa dizer e saber que você é cristão.

Qual é a coisa mais importante na qual devo acreditar para oficialmente ser considerado cristão?

Como estamos seguros de que você sabe — mas na hipótese remota de isso não estar perfeitamente claro para você —, não existe um único conjunto de convicções com o qual todos os cristãos concordam. Não existe nenhum *Registro de Todos os Cristãos* atualizado regularmente, guardado em algum lugar, nenhum cartão de membro que somos estimulados a fazer e levar junto em todas as ocasiões, nenhum adesivo que, espera-se, todo cristão coloque em seu carro, caminhão, *minivan* ou bicicleta. Nada disso existe.

Só existem... pessoas, andando por aí com um monte de ideias diferentes na mente e no coração. Por isso, queremos andar com você e o ajudar a entender o que é verdadeiro, e o que não é verdadeiro a respeito de ser cristão.

Embora existam diversos conceitos, noções, ideias e convicções por aí a respeito do cristianismo, *existem* convicções centrais compartilhadas por 99,99999% dos cristãos — fazendo uma estimativa grosseira. Você ficaria numa situação muito difícil se tivesse de encontrar um cristão que, por exemplo, não acredita na divindade de Jesus Cristo. Os cristãos acreditam que Jesus era Deus e homem, e ponto final. Tudo o que se refere à nossa fé está firmado nessa convicção.

Em termos funcionais, um dos aspectos grandiosos do cristianismo é o que está na praça há muito, muito tempo. O que torna essa qualidade tão valiosa é a garantia de que perguntas como "Em que verdadeiramente cremos?" foram objeto de raciocínio, páginas de escrita, convocações de concílios, debates e discussões; além de serem refinadas e impecavelmente articuladas durante milênios. Ao longo da História, houve momentos em que, por um motivo ou outro, foi crucial para os cristãos serem muito claros, muito exatos, em relação àquilo em que criam. O fato de muitas mentes terem dado tanta atenção durante tanto tempo a uma pergunta específica gerou um conjunto de documentos históricos chamados credos — ou confissões. Cada uma foi formulada em sua própria época, por motivos e objetivos próprios, mas a intenção de todas foi articular tão completamente quanto possível aquilo em que os cristãos creem.

Deus e você

Um dos credos mais antigos permanece tendo uma importância particular para os cristãos de todo o mundo nos dias de hoje. Se você quiser saber em que cremos, não dá para errar com o *Credo niceno*, que é universalmente aceito como articulação abrangente e inspirada da fé. Quase todos os que se chamam cristãos prontamente acolherão o *Credo niceno* como sua própria confissão. Esse credo recebe o nome do primeiro concílio de Niceia, que criou sua forma inicial. No século IV, o imperador Constantino reuniu bispos, líderes e teólogos de todos os países em Niceia — onde hoje é a Turquia —, com o propósito específico de gerar uma declaração de fé uniforme com a qual todos os cristãos pudessem concordar e adotar. Até aquele momento, havia certas variações de crenças rivalizando-se pela dominância. Quando o elegante e abrangente *Credo niceno* foi divulgado, tornou-se a confissão de fé padrão em toda a cristandade. Hoje, milhões de cristãos ao redor do mundo — católicos, ortodoxos ou protestantes — ainda incluem a recitação desse credo na prática de seus cultos regulares.

O *Credo niceno* diz o seguinte:

> Cremos em um só Deus, Pai, todo-poderoso, Criador de todas as coisas, visíveis e invisíveis.
>
> E em um só Senhor Jesus Cristo, o unigênito Filho de Deus, gerado pelo Pai antes de todos os séculos, Luz da Luz, verdadeiro Deus de verdadeiro Deus, gerado, não criado, de uma só substância com o Pai, pelo qual todas as coisas foram

feitas; o qual, por nós homens e por nossa salvação, desceu dos céus, foi feito carne pelo Espírito Santo e da Virgem Maria, e tornou-se homem, e foi crucificado por nós sob Pôncio Pilatos, e padeceu e foi sepultado e ressuscitou ao terceiro dia, conforme as Escrituras, e subiu aos céus e assentou-se à direita do Pai, e de novo há de vir com glória para julgar os vivos e os mortos, e seu reino não terá fim.

E no Espírito Santo, Senhor e Vivificador, que procede do Pai e do Filho, que com o Pai e o Filho conjuntamente é adorado e glorificado, que falou através dos Profetas.

E na Igreja una, santa, católica [uma palavra antiga para "universal"] e apostólica.

Confessamos um só batismo para remissão dos pecados.

Esperamos a ressurreição dos mortos e a vida do século vindouro. Amém.

É nisso que a quase totalidade dos cristãos sempre creu, e o que, ao longo dos séculos, incontáveis milhões de fiéis guardaram na memória.

Outras confissões comumente adaptadas pelas denominações protestantes são o *Credo apostólico*, o *Catecismo de Heidelberg*, e a *Confissão de fé de Westminster*.

É importante observar que, sendo inspiradoras e acessíveis como são, as confissões cristãs têm a intenção de informar e, de certa maneira, encapsular as Escrituras. Entretanto, com toda a certeza a intenção não é a de substituir as Escrituras.

> Combata o bom combate da fé. Tome posse da vida eterna, para a qual você foi chamado e fez a boa confissão na presença de muitas testemunhas (1Timóteo 6.12).

Mas o que ela [a justiça que vem da fé] diz? "A palavra está perto de você; está em sua boca e em seu coração", isto é, a palavra da fé que estamos proclamando: Se você confessar com a sua boca que Jesus é Senhor e crer em seu coração que Deus o ressuscitou dentre os mortos, será salvo. Pois com o coração se crê para justiça, e com a boca se confessa para salvação (Romanos 10.8-10).

Quem, pois, me confessar diante dos homens, eu também o confessarei diante do meu Pai que está nos céus (Mateus 10.32).

Se alguém confessa publicamente que Jesus é o Filho de Deus, Deus permanece nele, e ele em Deus (1João 4.15).

Assim como estabelecemos critérios para definir quem entra em nossa casa, Deus também estabeleceu critérios. Podemos, por exemplo, pedir que as pessoas limpem os pés ou sapatos. Alguns pedem que tiremos os sapatos. Bem, o requerimento que Deus faz para nós é Jesus. Por intermédio dele, agora que fomos lavados em seu sacrifício, não entramos na casa de Deus apenas com os pés limpos; também entramos com o coração purificado.

E agora trataremos de algo um pouco mais misterioso.

Quem exatamente é o Espírito Santo?

O Espírito Santo é Deus — plenamente — Deus, não *parcialmente* nem *quase* Deus — e ele reside em todos os que creem em Cristo. É por ele que Deus mantém um relacionamento direto e íntimo com todos os que percebem essa presença espiritual em seu interior, entendendo que ele é completo e que possui a mesma substância das outras duas pessoas da Trindade: Deus Pai e Deus Filho. Deus é grande, certo? Ele é enorme. Inimaginavelmente gigantesco. Por isso, é natural termos a sensação de que Deus está por aí, em algum lugar, habitando os céus, de algum modo supervisionando e dirigindo de maneira desconexa tudo o que acontece no Universo. Intuitivamente, criamos a imagem de um Deus que é Impenetrável, Inescrutável e Incognoscível.

Isso faz sentido: afinal, estamos falando do Eternamente Além, do Alfa e Ômega, do Criador de tudo o que existe, existiu e chegará a existir. Então, não é surpresa quando temos essa profunda sensação de eterna alteridade em relação a Deus.

Em um sentido bem real, Deus *é* assim. Deus Pai *é* Deus que está acima.

No entanto, por intermédio de Jesus Cristo, obtivemos uma maneira inteiramente diferente de estimar e conhecer Deus. Nele vemos Deus inteiramente humano, sendo tudo, menos uma pessoa desconectada de nossos temores e provações. Nele vemos um Deus que nos ama a ponto de ter encarnado como um de nós e, depois disso, deixou-se ser morto com brutalidade para que pudéssemos *começar* a compreender a profundeza de seu envolvimento com nosso bem-estar, tanto no presente quanto na eternidade. Mesmo não podendo entender Jesus perfeitamente, sabemos que, sendo Deus homem, ele personificou o humano, a ação terrena, a persuasão, a convicção, o amor, a raiva, a aflição...

que, ao enviar Jesus, Deus se revelou como pessoa com a qual podemos definitivamente nos relacionar e até mesmo nos identificar. Mais importante, Jesus prova que Deus consegue eternamente se identificar conosco.

Sabemos que *esse* é um Deus que conhece cada aspecto das perturbações pelas quais passaremos.

Em primeiro lugar, temos Deus acima de nós — e depois temos Deus Filho, habitando a terra em que vivemos, respiramos e morremos. *Deus conosco.*

Em última análise, contudo, e pensando em termos físicos, Jesus nos deixou, certo? Depois de sua gloriosa ressurreição, o Filho voltou para os céus, onde, como a Bíblia nos diz, ele reassumiu seu lugar ao lado do Pai. Assim, aqui estamos, deixados sem o Deus encarnado que uma vez andou entre nós.

Isso nos deixa de coração partido. Com o passar do tempo, é certo que esses pensamentos dificultarão a tarefa de nos lembrarmos corretamente de Deus e de dar-lhe honra. Afinal, nós, humanos, temos inclinação a ficarmos mais impressionados e convencidos com aquilo que está diante de nós do que com aquilo que nos parece ser algo de eras passadas.

Evidentemente, Deus sabe que somos assim. Ele sabe que não conseguimos viver apenas de lembranças e de histórias antigas. Ele sabe que, para nos manter inspirados e envolvidos, precisamos de algo dinâmico, direto, real, vibrante, profundamente individualizado e profundamente pessoal.

Assim, por causa de seu amor infinito por nós, ele resolveu deixar no coração de cada cristão a *inteireza de si mesmo* — a miraculosa, evidente e inconfundível presença santa dentro de cada um de nós, a presença que chamamos de *Espírito Santo*.

O Espírito Santo é Deus dentro de nós. Tudo que há em Deus há nele, e está tão próximo de cada cristão quanto o próprio pulsar do coração.

Veja em João 14 — é Jesus quem está falando:

"E eu pedirei ao Pai, e ele lhes dará outro Conselheiro para estar com vocês para sempre, o Espírito da verdade. O mundo não pode recebê-lo, porque não o vê nem o conhece. Mas vocês o conhecem, pois ele vive com vocês e estará em vocês. Não os deixarei órfãos, voltarei para vocês. [...] Mas o Conselheiro, o Espírito Santo, que o pai enviará em meu nome, lhes ensinará todas as coisas e lhes fará lembrar tudo o que eu lhes disse"(v. 16-18,26).

Misterioso, não? Contudo, maravilhoso. Especialmente quando começamos a evocar o poder do Espírito Santo para ajudar em tudo o que fazemos.

Agora, no entanto, passamos para algo um pouco mais complicado ou, talvez, nem tão complicado assim, caso você seja ao mesmo tempo marido, pai e irmão — ou esposa, mãe e irmã.

Faz sentido Deus ser ao mesmo tempo Pai, Filho *e* Espírito Santo? Como?

A realidade da Trindade divina não faz sentido algum se pensarmos em algo que faça sentido para nós — para a mente finita. Até mesmo a palavra *"trindade"* é um amálgama elegante de conceitos incompatíveis em seus fundamentos: "*tri*", que significa três, e "*unidade*", que significa um. Vê? *Tresum!* Parece irracional! Não se pretende que a natureza plena de Deus seja racionalmente compreensível para nós. Isso *não* faz parte do misticismo majestoso do cristianismo. Em nossa vida, as coisas que se juntam, que fazem sentido, são aquelas que estão inteiramente contidas em nosso mundo físico, mecânico. Apontadores de lápis fazem sentido. Nivelar as fundações de uma casa antes de construí-la é algo que faz sentido. Passar fio dental nos dentes todas as noites é algo que faz sentido. Entretanto, dificilmente Deus tem esse tipo de acessibilidade lógica. Deus não está sujeito a esse tipo de avaliação objetiva e verificável à qual o resto das coisas do nosso mundo está. De fato, Deus *faz* sentido: toda a lógica e razão estão fundamentadas em sua própria natureza; elas se originam ali. Deus, contudo, não está delimitado ou definido pela noção humana de "sentido" mais do que o oceano Pacífico está delimitado ou definido pelo balde de uma criança que está cheio de água do mar.

Pense em como coisas absolutamente vitais na sua vida *não* fazem "sentido". Como, por exemplo, o sono. As pessoas dormem desde sempre, e até hoje os cientistas não fazem ideia do que o sono realmente é. O sono simplesmente não é algo claro, não sabemos o que acontece, por que acontece nem para que serve. Começa com você consciente, desperto, totalmente funcional, tocando a vida. Depois, como se você fosse repentinamente desligado da tomada, você se deita e... perde a consciência. Só que esse estado não é absoluto. Você sonha — seja lá o que *isso* possa ser. E quanto ao seu coração? Não seu coração físico — que, por sinal, não faz quase nenhum sentido: de onde vêm os impulsos elétricos que lhe dão um ritmo perfeito?—, mas o outro coração, o coração espiritual. Que belo exemplo de não ser perfeitamente baseado na lógica! Seu coração não aprenderia sobre lógica mesmo que usasse a cartola do melhor dos mágicos. O coração humano não tem relação com a lógica. Mas com a emoção, a sensibilidade, a intuição, a espiritualidade. Tem a ver com o amor. E, como todos os que já amaram sabem, o amor tem tanto vínculo com a lógica quanto os peixes têm com a construção das pirâmides.

Isso não é o mesmo que dizer que não existe lógica no amor. Existe. Por exemplo, não teria lógica um pretendente provar sua afeição pela pessoa amada raspando a cabeça e comendo metade do cabelo. Isso simplesmente não tem muita chance de impressionar de maneira correta a amada. Mas, se a pessoa amada *pedisse* isso, o sr. Abobado-de-Amor teria em mãos uma navalha antes de você conseguir dizer "passe o sal".

Pois o amor é isto: imensamente além de nossas suposições, solidamente poderoso, coisa à qual *precisamos* reagir de todo o coração e até mesmo obedecer.

E quanto à essência disso, você sabe o que os cristãos creem a respeito de Deus? Creemos que Deus é amor (como registro, em 1João 14.8 lemos o resumo-mor: "Deus é amor". Isso não deixa muito espaço para interpretação, deixa?).

Então aí está. A despeito do que possa pensar às vezes, você na verdade odiaria muita coisa na vida se, por meio do exercício da lógica e da razão, pudesse entender tudo a respeito do amor. É o mistério do amor que o torna tão arrebatador, tão inebriante, tão maior do que a vida.

Além disso, e tão verdadeiro quanto, também é verdade que você definitivamente rejeitaria um Deus a quem pudesse compreender plenamente por meio da lógica e da razão. Não seria um Deus assombroso, maravilhoso, formidável. Seria algo mais próximo de um problema de matemática realmente complicado.

Mesmo elevando a matemática à sua complexidade máxima, ainda não seria possível sequer se aproximar de um sendo igual a três.

Outro credo muito importante — além do *Credo niceno* e de outros que já mencionamos neste capítulo — é o *Credo de Atanásio*, do século V. Um dos propósitos mais importantes desse credo foi o de articular a verdade profundamente misteriosa da natureza trinitária de Deus. Um trecho afirma: "O Pai é Deus, o Filho é Deus, e o Espírito Santo é Deus. No entanto, não são três Deuses, mas um só Deus".

Aí está. Extremamente simples, inimaginavelmente complexo.

Isso instantaneamente nos leva de volta ao meio do território de Deus.

Quer dizer, de volta ao meio da vida.
A vida é extremamente simples.
A vida é inimaginavelmente complexa.

Deus é extremamente simples.
Deus é inimaginavelmente complexo.
Na verdade, o fato de que Deus deva conter as três pessoas do Pai, Filho e Espírito Santo realmente faz sentido, um sentido belo e maravilhoso.

Assim que Jesus foi batizado, saiu da água. Naquele momento o céu se abriu, e ele viu o Espírito de Deus descendo como pomba e pousando sobre ele. Então uma voz dos céus disse: "Este é o meu Filho amado, em quem me agrado" (Mateus 3.16,17).

A graça do Senhor Jesus Cristo, o amor de Deus e a comunhão do Espírito Santo sejam com todos vocês (2Coríntios 13.14).

Ó profundidade da riqueza e da sabedoria e do conhecimento de Deus! Quão insondáveis são os seus juízos e inescrutáveis os seus caminhos! (Romanos 11.33).

Sei que é difícil de captar, tudo bem. E, falando sobre coisas difíceis de captar, aqui vai mais uma: como esse Criador todo-poderoso, que criou do nada todas as coisas, pode ser mais do que todo-poderoso? Especificamente, como esse Deus, a fonte dos relâmpagos e colisões de asteroides, a própria fonte da força e do poder, também conseguiu gerar essa coisa admirável chamada *graça*, uma graça admiravelmente pessoal?

O que significa "salvo pela graça"?

Essa é a expressão que os cristãos protestantes usam para encapsular a verdade de que não existem ações que

Deus e você

alguém possa assumir para merecer a entrada no céu ou a graça de Deus. Que não somos salvos pela obras, mas somente pela graça — a graça que vem por meio de uma fé inabalável em Jesus Cristo —, é central para a doutrina com a qual o teólogo alemão Martinho Lutero abalou profundamente a Igreja católica e que, em última análise, resultou na Reforma Protestante.

Leia com cuidado o que se segue. É a interpretação do grande reformador para as palavras do apóstolo Paulo, e nisso todos os protestantes creem:

> "Todos pecaram e foram gratuitamente justificados, sem obras nem méritos, por sua graça, por meio da redenção que está em Cristo Jesus, em seu sangue" (Romanos 3.23-25, tradução livre). Isso é necessário para crer. Isso não se pode adquirir ou captar por nenhuma obra, lei ou mérito. Portanto, é evidente e certo que somente essa fé nos justifica.

Para nós, é fácil comprar a ideia de que podemos abrir caminho e alcançar a graça de Deus — se fizermos coisas boas em número suficiente, se nosso comportamento for correto, se nos sacrificarmos em favor de outras pessoas, se dermos bastante dinheiro na igreja, e assim por diante — e que assim ele vai sorrir para nós, encher-nos com seu Espírito e reservar um lugar para nós no céu.

O que torna tão fácil pensar sobre nosso relacionamento com Deus em termos tão simples, de causa de efeito, é que na vida terrena a recompensa geralmente *está vinculada* a nosso desempenho. Se nos aplicarmos com afinco nos estudos ou no trabalho, somos recompensados por agir assim: tiramos A, recebemos elogios, somos promovidos. Na vida cotidiana, as boas obras funcionam: elas obtêm para nós resultados palpáveis, mensuráveis. Contudo, a graça de Deus não é assim. Não vamos deixá-lo impressionado com nada que façamos, não importa quão desinteressada ou nobre seja nossa ação. Jamais faremos algo tão grandioso a ponto de fazer Deus esquecer as mesmas verdades que ele e nós secretamente sabemos a nosso respeito: que sempre somos egoístas, gananciosos, preguiçosos, oportunistas e de espírito maldoso, e... bem, somos pecadores (v. o cap. 3: "Todo mundo: pecado, a constante humana"). Sabemos disso a respeito de nós, e Deus sabe disso a nosso respeito: de nada adianta fingir que um ou outro será capaz de esquecer.

O cristão faz boas obras porque o amor a Deus o inspira a fazer boas obras, não porque ele espera que suas obras inspirarão Deus a amá-lo. Simplesmente não acontece assim. Do contrário, como conseguiríamos abrir caminho por nosso mérito até alcançar sua boa vontade? O que *nós* levaríamos a Deus? Como *algo* que pudéssemos fazer intensificaria ou traria benefícios para a realidade de Deus, em quem *tudo* já existe? Deus quer uma e apenas uma coisa de nós. Ele quer que creiamos nele. Ele quer que acreditemos que, por força do amor, por meio de seu sacrifício pleno e todo-suficiente, ele pagou o preço eterno pelos pecados de cada um de nós.

Crer *nisso* nos salva; é *isso* que desencadeia a vida de Cristo dentro da nossa vida.

Em resumo: se você quiser que Deus creia em você, creia nele.

Depois de dizer tudo isso, nunca nos esqueçamos, nem de maneira alguma minimizemos, a verdade de que, uma vez que a pessoa foi salva, ela é natural e irresistivelmente impelida a servir a seus semelhantes. Em outras palavras, a realizar boas obras. O homem que afirma estar salvo, e que nunca trabalha pelo progresso dos outros, está se iludindo; o Espírito Santo não está nele.

Em seu Grande Mandamento, Cristo nos ordena a amar nosso próximo como a nós mesmos, e assim precisamos separar tempo para de fato, fisicamente, em tempo real, fazer exatamente isso, nada menos do que isso (para saber mais sobre o tema, veja a pergunta "Qual é o Grande Mandamento? O que o faz ser grande?", na página 85).

Com a fé, vem a graça. Com a graça, vem o amor. Com o amor, vem a ação.

No entanto, *sempre* — necessariamente — a *fé* vem em primeiro lugar.

> Pois sustentamos que o homem é justificado pela fé, independente da obediência à Lei (Romanos 3.28).

mas também...

> Assim como o corpo sem espírito está morto, também a fé sem obras está morta (Tiago 2.26).

E a citação definitiva sobre a graça e as obras na Bíblia:

> Pois vocês são salvos pela graça, por meio da fé, e isto não vem de vocês, é dom de Deus; não por obras, para que ninguém se glorie. Porque somos criação de Deus realizada em Cristo Jesus para fazermos boas obras, as quais Deus preparou antes para nós as praticarmos (Efésios 2.8-10).

Em nossa época, uma pessoa fantástica chamada Chuck Colson, que veio a compreender e receber o favor imerecido de Deus, escreveu um livro intitulado *Born Again* [Nascido de novo]. É a história sobre o tempo em que ele ficou preso por causa de crimes no escândalo Watergate e depois se tornou servo do Deus do Universo. Esse livro, e seu título, apresentou essas duas palavras para um monte de pessoas. No entanto, muitos dos que as ouviram nunca descobriram o que realmente significam.

A expressão "nascido de novo" se refere a quê?

Esse termo é usado para descrever a pessoa que recebeu a inefável e maravilhosa experiência de ser salva por Cristo. Quando se percebe que ele expiou todos os pecados na cruz — que no amor indescritível, beneficente e sacrificial de Jesus, fomos de forma cabal e irrevogavelmente libertos, fomos perdoados de nossos pecados — sentimo-nos positiva e radiantemente *renascidos*.

Cristo abre um espaço, inteira e radicalmente novo, na vida dos que creem nele.

Quando nos tornamos cristãos, morre o modo de vida antigo, pecaminoso, egoísta e sem arrependimento. Então aí está você, novo em Cristo. Você *nasceu de novo*!

Jesus declarou: "Digo-lhe a verdade: Ninguém pode ver o Reino de Deus, se não nascer de novo" (João 3.3).

Dissemos que Deus é amor; que ele salva, oferece graça e divide nosso mundo em duas partes: ASC (Antes de Ser Cristão) e DTC (Depois de Me Tornar Cristão). Mesmo sabendo disso, você ainda pode ficar se perguntando até que ponto Deus pode se tornar pessoal para você.

Como sei que o amor de Deus por mim é pessoal?

É difícil crer que Deus — que, afinal, é tão imenso — possa se envolver tão íntima e pessoalmente conosco como... bem, como indivíduos. Como uma coisa assim pode ser verdade?

Como se pode ter certeza de que uma pessoa nos ama? Que ela não ama a ideia que faz de você, ou a impressão que você passou, ou a pessoa que ela espera que um dia você se tornará — mas, de fato, *você*?

Em primeiro lugar, essa pessoa precisa conhecer você. E quanto melhor a pessoa o conhece, mais segurança você pode ter na qualidade do amor dessa pessoa por você. Se alguém realmente o *conhece*, com defeitos e tudo, e *ainda assim* o ama, então você pode ter certeza de que essa pessoa não é um amigo ou amante apenas nos bons momentos, alguém que o pode abandonar se descobrir que você não está à altura do ideal que ela tem para você.

Em síntese, o primeiro critério para ter certeza de que uma pessoa de fato o ama é saber que ela realmente o *conhece*.

Bem, sabemos com firmeza que Deus realmente conhece você. Afinal, é de Deus que estamos falando. É inteiramente seguro afirmar — em uma declaração atenuada! — que Deus o conhece pelo menos tão bem quanto você conhece a si mesmo. Se você acha que pode esconder alguma coisa a seu respeito do Deus todo-poderoso, onipotente e onisciente, então... boa sorte.

Outra coisa que precisa acontecer antes de você estar totalmente confiante no amor de uma pessoa por você é que ela precisa fazer algo que prove esse amor. Falar é fácil. Se alguém vai falar no estilo "eu amo você", então essa pessoa precisa andar no estilo "eu amo você". Caso contrário, você só fica com palavras para prosseguir.

Então vejamos. O que Deus já fez pessoalmente por você?

Para iniciantes, *Jesus foi morto sacrificialmente como meio de pagar de uma vez por todas a dívida de quaisquer pecados que você* pessoalmente *cometeu ou cometerá*.

Isso bem que resolve o assunto, não acha? Mas espere! Tem mais!

Deus também deixou no coração de cada um dos cristãos a inteireza de si mesmo na forma de seu Espírito. A maioria das pessoas não deixa coisas importantes para pessoas com as quais não têm um vínculo sério. E aqui

Deus fez arranjos para deixar *tudo o que ele é* para você, em termos pessoais, em troca de você não fazer nada que exija mais do que um pedido. Por que Deus fez essas coisas por você — específica e exatamente por *você* —, uma pessoa que ele conhece melhor do que você conhece a si mesmo? Ele permitiu ser sacrificado e deixou para você seu Espírito Santo a fim de que, durante seu tempo na terra, você possa ser uma pessoa satisfeita, justa e espiritualmente realizada — e para que, depois de deixar este mundo, você possa desfrutar a eternidade, aquecendo-se na glória maravilhosa que é seu esplendor e amor infindáveis.

E isso, amigo, é como você pode ter certeza de que o amor de Deus por você é pessoal.

Cristo nos amou e se entregou por nós (Efésios 5.2).

"Pois nem mesmo o Filho do homem veio para ser servido, mas para servir e dar a sua vida em resgate por muitos" (Marcos 10.45).

"Porque Deus tanto amou o mundo que deu o seu Filho Unigênito, para que todo o que nele crer não pereça, mas tenha a vida eterna" (João 3.16).

"Não se vendem cinco pardais por duas moedinhas? Contudo, nenhum deles é esquecido por Deus. Até o cabelo da cabeça de vocês estão todos contados. Não tenham medo; vocês valem mais do que muitos pardais!" (Lucas 12.6,7).

Quando você parar para pensar nisso, provavelmente terá pelo menos uma experiência assombrosa demais para ser coincidência, algo que você sabia que só podia ser Deus alcançando seu mundo para tocar diretamente sua vida. Contudo, se Deus estiver pessoalmente envolvido com você, então fica evidente que isso nos leva a perguntar se Deus tem ou não algo específico que deseja ver você executando.

Deus tem um plano para mim?

Certamente ele tem. O plano de Deus é que você aceite o fato de ele o amar, de sempre ter amado você, e que sempre o amará. O plano de Deus é que você confie na verdade de quem ele é e naquilo que ele fez em seu futuro. É que você se abra para os poderes sobrenaturais do Espírito Santo em seu interior. O grande plano de Deus é que todos os que nele creem sejam reunidos em torno dele, depois de terem saído deste vale de lágrimas, e passar a eternidade em perfeito deleite e realização em sua presença incomparável.

Em resumo, o plano de Deus é que você o ame e, depois, que use esse amor para servir a ele e a outras pessoas.

> Bendito seja o Deus Pai de nosso Senhor Jesus Cristo, que nos abençoou com todas as bênçãos espirituais nas regiões celestiais em Cristo. Porque Deus nos escolheu nele antes da criação do mundo, para sermos santos e irrepreensíveis em sua presença (Efésios 1.3,4).

Além de servir a Deus e amar as pessoas, há algo a mais no plano de Deus. É uma parte enorme dos motivos pelos quais ele nos criou, e dos motivos pelos quais ele permanece conosco quando aprontamos. Chama-se relacionamento.

Como aprofundo meu relacionamento com Deus?

Simples: faça *a ele* esta pergunta. Num sentido muito real, Deus está esperando que cada um de nós pergunte a ele como podemos aprofundar e enriquecer o relacionamento que temos com ele.

Deus tem um monte de respostas — uma estimativa, considerando que ele tem *todas* as respostas —, mas, para essa pergunta em particular ele *realmente* tem uma resposta. E, se você fizer essa pergunta com sinceridade, é certo que ele comunicará, de um jeito ou de outro, que você faria bem se começasse a incorporar em sua vida diária estas quatro práticas:

1) Ouvir Deus
2) Refletir a respeito de Deus
3) Ser humilde diante de Deus
4) Confiar em Deus

Deus tem um monte de coisas para dizer a todos nós, mas ele põe a prática dessas coisas no coração e na mente de *qualquer um* que busque conhecê-lo melhor.

Vamos examiná-las rapidamente. No entanto, saiba disto antes: a fim de fazer uma ou todas as quatro coisas com eficácia, não é preciso ser um especialista na adoração nem qualquer coisa parecida. Você não precisa ser mais santo do que é hoje a fim de obter o máximo de resultados decorrentes de dar esses quatro passos fundamentais. Basta começar a dá-los e confiar que Deus cuidará do restante — que é o passo quatro!

Ouvir Deus

Mais uma vez, isso não significa que você precisará subir no topo de uma montanha e se perder em oração, nem ficar de joelhos em uma igreja durante horas. Significa apenas que de vez em quando — quando estiver cozinhando, dirigindo, esperando na fila do banco, passeando com o cachorro, e assim por diante — simplesmente fique receptivo, procurando ouvir o Espírito Santo dentro de você. Deus nunca fica *sem falar* com você. Por isso, fique de ouvidos abertos. Confie que você *ficará* interessado em tudo o que Deus tem a dizer. Quanto mais você ouvir, mais terá vontade de ouvir. Afinal, nada é tão íntimo quanto a voz de Deus.

Aproximem-se de Deus, e ele se aproximará de vocês (Tiago 4.8).

"As minhas ovelhas ouvem a minha voz; eu as conheço, e elas me seguem" (João 10.27).

Refletir sobre Deus

Essa é praticamente a coisa mais fácil do mundo de se fazer. Deus se manifesta em todos os lugares: em toda a natureza, em pessoas de todas as idades, em toda vida. Ele existe em todos os momentos das experiências que temos. Olhe para dentro de sua alma: lá está a presença santa de Deus! Reflita sobre ele. Use o fato da realidade divina e direta de Deus para se elevar ao tipo de contemplação grandiosa que é um dos vislumbres mais doces da vida que qualquer um pode ter nesta vida.

No princípio era aquele que é a Palavra. Ele estava com Deus, e era Deus. Ele estava com Deus no princípio. Todas as coisas foram feitas por intermédio dele; sem ele, nada do que existe teria sido feito. Nele estava a vida, e esta era a luz dos homens. A luz brilha nas trevas, e as trevas não a derrotaram (João 1.1-5).

Ser humilde diante de Deus

Pare para pensar sobre quem você é, sobre o que você é — sobre quem e o que o ser humano é — em comparação com quem e o que Deus é. Deixe essa compreensão se assentar por um momento. Aprecie. Deixe-a crescer dentro de você. Sinta seu peso esmagador. Deixe-a pôr você de joelhos.

"Bem-aventurados os pobres em espírito, pois deles é o Reino dos céus.

Bem-aventurados os que choram, pois serão consolados.

Bem-aventurados os humildes, pois eles receberão a terra por herança" (Mateus 5.3-5).

"Pois todo o que se exalta será humilhado, e o que se humilha será exaltado" (Lucas 14.11).

Confiar em Deus

Nestas três palavras simples encontra-se a chave para a melhor, mais enriquecedora e recompensadora vida possível. É difícil fazer elaborações com uma frase tão perfeita. Confie em Deus. Confie. De tempos em tempos, pare o que estiver fazendo e mantenha na mente e no coração o fato de a totalidade de suas preocupações estar nas mãos de Deus, e todas as ações dele que envolvem você e o mundo serem ações que, em última análise, o farão conhecer a paz de sua presença sustentadora. Isso nunca mudou e nunca mudará: Deus o ama, e você pode confiar nele. Pare, separe um tempo para sossegar nessa verdade admirável e tenha muita alegria nisso.

Alta madrugada, Jesus dirigiu-se a eles, andando sobre o mar. Quando o viram andando sobre o mar, ficaram aterrorizados e disseram: "É um fantasma!" E gritaram de medo.
Mas Jesus imediatamente lhes disse: "Coragem! Sou eu. Não tenham medo!"
"Senhor", disse Pedro, "se és tu, manda-me ir ao teu encontro por sobre as águas".
"Venha", respondeu ele.
Então Pedro saiu do barco, andou sobre as águas e foi na direção de Jesus. Mas, quando reparou no vento, ficou com medo e, começando a afundar, gritou: "Senhor, salva-me!"
Imediatamente Jesus estendeu a mão e o segurou. E disse: "Homem de pequena fé, por que você duvidou?" (Mateus 14.25-31).

Deus e você

À medida que seu relacionamento com Deus cresce por meio dessas práticas simples, você se verá cada vez mais disposto a dizer com força as oito palavras para mudar a vida.

Tem algo que posso dizer a mim mesmo para sempre me lembrar de como é o relacionamento verdadeiro e apropriado com Deus?

Estas são as oito palavras: "Abra mão por Deus, abra espaço para Deus". Dá um belo adesivo para o carro, e um lema ainda melhor pelo qual viver. Nós, cristãos, temos um desafio monumental: tão consistentemente quanto possível sair do caminho daquilo que o Espírito Santo está tentando fazer por meio de nós e conosco. Não é especialmente fácil ou natural para nós fazer isso. Na verdade, somos quase totalmente inclinados a *não* abrir mão por Deus, a *não* abrir espaço para Deus. E o grau da nossa inclinação de nos apegarmos tenazmente à ideia de que podemos administrar tudo o que precisa ser administrado é compreensível. Afinal, somos capazes, inteligentes, sábios seres mundanos, cuja vida é, em larga medida, definida por questões e situações que conseguimos administrar.

Assim, tornamo-nos os elementares "faça você mesmo". Não queremos abrir mão por Deus. *Gostamos* de imaginar que estamos no controle. Estamos bem seguros de que não existe nada insuperável.

Então, sentindo-nos dessa maneira, esquecemos Deus — ou pelo menos o deixamos no porão da mente.

Então, lenta e seguramente, descobrimos que não somente é *impossível* administrar tudo o que a vida lança em nosso caminho, como também estamos especialmente despreparados para administrar tudo o que de fato importa para nós. Nossos relacionamentos azedam. Nosso trabalho se distorce. O senso de quem somos fica retorcido. Ficamos resmungando nossas responsabilidades *e* privilégios.

Em resumo, descobrimos que — ainda — somos egoístas, gananciosos, egomaníacos, famintos por prestígio, oportunistas desavergonhados com mente estreita. Ou, seja como for, algo nessa linha.

Descobrimos que nem passamos perto de ser a pessoa que tínhamos tanta certeza de ser.

Então — se formos bem-aventurados, se formos cristãos —, chegamos ao ponto em que pedimos a Deus que faça uma intervenção pessoal: pôr-se entre a pessoa que nos criou para ser e a pessoa que nós criamos.

Caímos de joelhos.

Abrimos mão por Deus, abrimos espaço para Deus.

Voluntarie-se a viver essas palavras todos os dias, ou um dia você será obrigado a vivê-las. É realmente simples assim:

> Fui crucificado com Cristo. Assim, já não sou eu quem vive, mas Cristo vive em mim (Gálatas 2.20).

Nunca é fácil abrir mão por Deus e abrir espaço para Deus. Peça que ele o ajude a abrir mão e a abrir espaço para que ele faça por você o que você não consegue fazer sozinho. Você nunca se perde fazendo esse tipo de oração. E lembre-se: abrir mão por Deus e abrir espaço para Deus não significa tornar-se uma pessoa passiva, emocionalmente desconectada ou algum tipo de fatalista. Não significa desistir da sua vontade; significa unir sua vontade com a de Deus. E essa é uma vontade tão ativa, conectada, vital e positiva em relação à vida quanto é possível ser.

O que é oração?

A resposta curta: é voltar sua mente para Deus de forma deliberada, atenta e receptiva.

A resposta longa: é que existem basicamente dois tipos de oração: a meditativa e a intencional. A oração meditativa é quando a pessoa se aproxima de Deus sem nenhum propósito que não o de simplesmente estar com ele — ter comunhão com ele, *ouvi-lo*. Na oração meditativa, não se pensa em resultados; é unicamente a experiência de estar com Deus.

A oração intencional é o tipo de interação com Deus em que a maioria das pessoas tem em mente quando usam a palavra "oração". Nessa oração, a pessoa se apresenta diante de Deus com um objetivo em mente. É o que fazemos quando suplicamos pela ajuda divina para um problema, ou com uma preocupação que sabemos ser incapazes de resolver de maneira satisfatória se estivermos sozinhos.

Em termos gerais, uma oração intencional vai se resumir em um dos quatro tipos principais: súplica — "Senhor, humildemente te peço isso"; contrição — "Senhor, eu me arrependo profundamente do que fiz"; intercessão — "Senhor, peço que te envolvas diretamente nisso e transforme esta situação ruim em algo bom"; e, finalmente, a pura, boa e gratidão à moda antiga — "Obrigado, Senhor, por cuidar de mim".

Podem-se escrever livros — e, por Deus, eles foram escritos — a respeito dos motivos espirituais, psicológicos e mesmo materiais que fazem da oração algo benéfico (a oração é benéfica em termos materiais porque, por exemplo, mais oração = menos estresse = uma mente mais desanuviada = mais produtividade). A coisa mais importante da oração é que ela nos insere num relacionamento correto e natural com Deus. Da melhor maneira possível, a oração põe a pessoa em seu lugar, quer dizer, no melhor lugar que uma pessoa *consegue* estar, que é diante de Deus em atitude humilde, esperançosa, elogiosa e amorosa.

Na vida, o contexto apropriado é tudo: não conseguimos saber quem somos, nem o que estamos fazendo, sem entender o contexto no qual existimos e agimos. O fantástico da oração — seja ela meditativa, seja intencional — é que ela o centraliza no ponto de equilíbrio frenético e vibrante entre você e o Universo criado, e o ser infinito, infinitamente poderoso, infinitamente compassivo que o criou.

"Se vocês permanecerem em mim, e as minhas palavras permanecerem em vocês, pedirão o que quiserem, e lhes será concedido" (João 15.7).

Deus e você

Esta é a confiança que temos ao nos aproximarmos de Deus: se pedirmos alguma coisa de acordo com a vontade de Deus, ele nos ouvirá. E se sabemos que ele nos ouve em tudo o que pedimos, sabemos que temos o que dele pedimos (1João 5.14,15).

Não andem ansiosos por coisa alguma, mas em tudo, pela oração e súplicas, e com ação de graças, apresentem seus pedidos a Deus (Filipenses 4.6).

Tendo captado bem o que é oração, naturalmente você terá vontade de aprender a orar melhor e experimentá-la mais plenamente.

Como oro?

Bem, imagine por um instante que você é Deus — mas *apenas* por um instante: só Deus sabe quanta encrenca e sofrimento causaram as pessoas que passaram tempo demais imaginando que eram Deus! Se você fosse o Criador do Universo, como seriam as orações que gostaria que fossem feitas?

Orações *sérias*, certo? Você desejaria que as pessoas dissessem o que estão pensando.

A coisa mais importante da oração é nos aproximarmos de Deus com muita sinceridade e fé verdadeira.

E quanto à atitude na oração — bem, mais uma vez, imagine que você é Deus. Você daria muita atenção a alguém que dispara pedidos de dois segundos para você entre telefonemas enquanto dirige e muda de estação no rádio? Se essa for a principal maneira de uma pessoa se relacionar com você, isso traria a você honra ou agrado? Ou preferiria a oração feita por uma pessoa que, antes de se aproximar, sossega, separa um momento para ficar sozinha, fecha os olhos, talvez fique de joelhos e curve a cabeça — alguém que se comporte do jeito que as pessoas naturalmente se comportam quando se envolvem com algo sagrado, maravilhoso e vital a seus interesses? Bem melhor, não?

Ajoelhe-se na hora de fazer sua oração e você *terá* a atenção de Deus. No entanto, evidentemente, essa posição clássica no momento de orar não é indispensável. Deus se agradará igualmente se você simplesmente ficar sentado silenciosa e confortavelmente, respirar profundamente duas vezes, acalmar seu espírito, abrir-se para o amor e a fé que tem nele, e depois apresentar a si mesmo e suas preocupações diante dele. (Considere a possibilidade de separar uma parte da sua casa — um quarto ou canto silencioso — como o local onde você ora sempre. Deixe uma Bíblia ali, talvez um caderno para anotar ideias ou pensamentos à medida que eles vêm à tona durante os momentos de oração. Você descobrirá que ter um local específico para orar serve como uma espécie de consolo e mesmo de inspiração.)

Por fim, você sempre ouve os cristãos terminarem suas orações com uma variação da frase "Pedimos em nome de nosso Senhor Jesus Cristo". O ímpeto por trás disso vem diretamente da Bíblia. Em João 16.23, Jesus afirma: "Eu lhes asseguro que meu Pai lhes dará tudo o que pedirem em

Deus e você

meu nome". E o motivo que faz isso ter um sentido providencial, pedir que nossas orações sejam respondidas em nome de Deus, é que foi *Jesus* quem se sacrificou para nosso progresso, foi *Jesus* quem voluntariamente tornou-se o redentor que faz a intermediação por toda a humanidade.

Sendo seres com um corpo, naturalmente nos guiamos pela realidade palpável e física de Jesus, o Filho, para alcançar a entidade intangível e espiritual de Deus Pai.

(E também é esse o motivo pelo qual uma oração que termina com "em nome do Senhor Jesus Cristo" normalmente começa com a palavra *"Pai"* — *porque* dessa forma sai da súplica ao Pai e chega à invocação do Filho. E "nosso Senhor" é uma maneira maravilhosa de se referir ao Espírito. Isso significa que, numa oração típica, todos os três membros da Trindade são invocados. [Para saber mais sobre a Trindade, leia "Faz sentido Deus ser ao mesmo tempo Pai, Filho *e* Espírito Santo? Como?", na página 30]).

"E tudo o que pedirem em oração, se crerem, vocês receberão" (Mateus 21.22).

"Louvado seja o Senhor, o Deus de Israel, porque visitou e redimiu seu povo" (Lucas 1.68).

Não se esqueça: quanto mais praticar a oração como um hábito em diferentes formas ao longo do dia, mais eficaz você será na hora de integrar a oração à sua vida. Algumas pessoas ficam presas à necessidade de alcançar a perfeição antes de começarem a orar.

Preciso ser "puro" antes de me aproximar de Deus?

Certamente é uma pergunta compreensível e até mesmo comovente, mas no fim se vê que, se fôssemos esperar até alcançarmos a pureza de espírito e corpo antes de nos aproximar de Deus em oração, Deus ficaria com tanto tempo livre — falando metaforicamente — que ele provavelmente criaria uma nova raça de seres que *fossem* puros somente para ter com quem conversar. Mas, enquanto ele não faz isso, Deus se liga a nós, e o mais absolutamente *puro* dentre nós — seja quem for — ainda é, em seu âmago, tão egoísta, decaído e cheio de pecado que sua única esperança seria a mesma que a nossa: aproximar-se de Deus e implorar sua misericórdia.

Certamente nenhum homem tem tanta pureza de coração e espírito a ponto de *merecer* aproximar-se de Deus. Nós nos voltamos para Deus em busca de salvação não porque sejamos dignos dessa salvação, mas porque Deus a ofereceu gratuitamente a nós, apesar da nossa natureza pecaminosa (para mais informações sobre o pecado, veja as perguntas "O que é pecado?" e "O que é 'pecado original'?" nas páginas 139 e 141).

A questão é: ninguém nesta vida conseguirá alcançar a *pureza*. Na verdade, a palavra não tem nenhum significado se estiver vinculada ao estado da alma humana ou da consciência. A água pode ser pura. A heroína pode ser pura — quer dizer, pura malignidade. O ouro pode ser puro. Tudo o que nós conseguimos ser é uma massa impenetrável, indecifrável e constantemente flutuante de contradições infinitas. E *isso* se estivermos num bom dia.

Além disso, Deus não se interessa por ninguém que se considere "puro" — considerando, para começar, a grande improbabilidade de tal pessoa ter qualquer interesse nele: por que elas se interessariam por Deus? Ele quer pessoas quebrantadas, desesperadas, com baixa autoestima, pessoas desconjuntadas para se aproximarem dele, para se apresentarem a ele, para finalmente pedirem a graça miraculosa da salvação curadora. Até mesmo pessoas que mal conhecem a Bíblia sabem que Jesus, o Médico Bondoso, preferia a companhia de prostitutas, de beberrões, de cobradores de impostos sanguessugas e rapineiros à companhia daqueles que eram considerados "as mais puras das pessoas": os líderes santos e justos, os cheios de escrúpulos, os "sábios" de boa formação.

As pessoas que se autoproclamaram puras foram as *únicas* na Bíblia que viram manifestações abertamente agressivas da parte de Jesus. Todo o restante — todas as pessoas comuns e *quebrantadas* — ele acolheu. De fato, quanto menos digna de amor uma pessoa parecesse ser, maior era o amor que Jesus parecia ter.

Nunca, nunca mesmo, tenha medo de ser "impuro" demais para, sempre que estiver pronto, cair de joelhos diante de Deus. Deus ama todas as pessoas, em todos os momentos, exatamente como elas são. Ponto final.

Ao pôr-do-sol, o povo trouxe a Jesus todos os que tinham vários tipos de doenças; e ele os curou, impondo as mãos sobre cada um deles (Lucas 4.40).

Estando Jesus a caminho, a multidão o comprimia. E estava ali certa mulher que havia doze anos vinha sofrendo de hemorragia e gastara tudo o que tinha com os médicos; mas ninguém pudera curá-la. Ela chegou por trás dele, tocou a borda de seu manto, e imediatamente cessou sua hemorragia.
"Quem tocou em mim?", perguntou Jesus.
Como todos negassem, Pedro disse: "Mestre, a multidão se aglomera e te comprime".
Mas Jesus disse: "Alguém tocou em mim; eu sei que de mim saiu poder".
Então a mulher, vendo que não conseguiria passar despercebida, veio tremendo e prostrou-se aos seus pés. Na presença de todo o povo contou por que tinha tocado nele e como fora instantaneamente curada.
Então ele disse: "Filha, a sua fé a curou! Vá em paz" (Lucas 8.42-48).

Jesus saiu e viu um publicano chamado Levi, sentado na coletoria, e disse-lhe: "Siga-me". Levi levantou-se, deixou tudo e o seguiu.
Então Levi ofereceu um grande banquete a Jesus em sua casa. Havia muita gente comendo com eles: publicanos e outras pessoas. Mas os fariseus e aqueles mestres da lei que eram da mesma facção queixaram-se aos discípulos de Jesus: "Por que vocês comem e bebem com publicanos e 'pecadores'?"
Jesus lhes respondeu: "Não são os que têm saúde que precisam de médico, mas sim os doentes" (Lucas 5.27-31).

Tendo percebido que para orar não é preciso atender à exigência de ser puro, talvez você queira saber se está ou não obrigado a orar em público ou em qualquer outro momento.

Devo "dar graças" antes de cada refeição?

A menos que você esteja à vontade sendo uma pessoa que não agradece a outra quando esta faz algo legal para você — isso sem mencionar algo positivo para sua vida —, então, sim, você deve dar graças, que é agradecer a Deus antes de cada refeição.

Você quer ser o tipo de pessoa que não mostra gratidão quando ela é merecida? O tipo de pessoa que não mostra gratidão por algo maravilhoso? O tipo de pessoa que tem tanta certeza de merecer todos os presentes que recebe a ponto de nem passar por sua cabeça demonstrar gratidão por esses presentes?

Evidentemente, você não quer ser esse tipo de pessoa. Ninguém quer.

Então, não tem outro jeito. Seu senso intrínseco e básico de bondade, daquilo que é certo, exige que todas as vezes que comer ou beber algo — mas especialmente se você estiver prestes a desfrutar de algo tão abundante quanto sentar-se para fazer uma refeição — você pare por um instante e dê graças quando graças devem ser dadas.

Um motivo mais pragmático para ficar à vontade ao dar graças regularmente antes das refeições é que dar graças é algo que os cristãos fazem. E isso significa que, cedo ou tarde, os cristãos com quem você come mostrarão o amor e respeito por você sugerindo que você tome a frente e faça a oração.

É um momento muito doce e humilde quando alguém com quem está prestes a partir o pão diz: "Você pode dar graças por nós?".

No entanto, esse momento pode não ser tão agradável se souber que será obrigado a improvisar a oração, e que você não está muito à vontade com isso. Algumas pessoas — e essas pessoas tendem a ser cristãos mais velhos, sábios e experientes — regularmente "improvisam" suas orações antes das refeições com eloquência e comoção. Existe por aí um monte de cristãos veteranos que realmente sabe como a qualquer momento surgir com uma oração.

Apesar disso, para você se sentir seguro, especialmente no começo de sua vida cristã, nós insistimos oficialmente para que memorize uma das duas orações — clássicas, curtas e sempre adequadas — para antes das refeições.

A primeira é tão curta que mesmo um papagaio conseguiria decorá-la:

Ó Senhor, abençoa-nos,
E também tuas dádivas
Que generosamente nos dás
Por meio de Cristo, nosso Senhor. Amém.

Não dá para errar com essa oração antes de uma refeição, nem com a oração tradicional que se segue, oração de encher o coração. Essa é a oração pessoal de John para antes das refeições. Ela sempre lhe parece especialmente tocante e incisiva quando janta fora:

> Querido Senhor, obrigado por esta comida.
> Abençoa as mãos de quem a preparou.
> Abençoa a comida para nosso bem e nos abençoa para servir-te.
> Faze-nos sempre atentar para a necessidade de outros.
> Por meio de Cristo, nosso Senhor, oramos.
> Amém.

Ouro puro — todas as vezes.

Tendo dito tudo isso, não se sinta mal de simplesmente dizer a Deus: "Ei, obrigado por esta comida e por tudo o mais que o Senhor me dá". Ele também ouvirá essa oração. Deus ouve todas as nossas orações... é que às vezes ele não responde da maneira que nós esperamos.

Quando minhas orações não são atendidas, o que isso significa?

Significa no mínimo que você deparou com o mistério de Deus. Embora seja frustrante e mesmo doloroso passar por essa situação, o fato de Deus ser inescrutável deve, em última análise, ser compreendido como um traço primordial e necessário do divino.

Precisamos sempre nos lembrar de que não conhecemos Deus de maneira completa. Não é possível conhecê-lo assim. Se tivéssemos condições de conhecer Deus plenamente, então teríamos em mãos um Deus que provavelmente não *faríamos questão* de conhecer assim tão bem. Pois teríamos um Deus que, depois de pouco tempo, acabaria sendo alguém muito perto de ser entediante.

Ninguém sente admiração reverente por alguém que consiga compreender e prever completamente.

Se você quer um Deus impressionante e imponente — e você quer sim! —, então precisará se acertar com a ideia de nem sempre estar informado sobre as maneiras de Deus fazer as coisas nem de seus motivos.

Perceba então que sua vontade é ter um Deus que seja formidável, imponente *e amoroso*, tudo ao mesmo tempo. Se for para você ter um Deus que não é inteiramente transparente a ponto de ser possível saber tudo o que ele vai fazer — quer dizer, um Deus para quem o mistério infinito é uma característica primordial —, então você *definitivamente* quer um Deus do qual possa depender, que vai fazer o que fizer com base no amor que tem por você.

E, mais uma vez, bem-vindo ao cristianismo.

Deus realmente ama você, sempre. E você sempre pode confiar nele.

Entretanto, dito isso, às vezes não existe nenhum sinal de que sua oração será atendida. E muitas vezes você não terá nenhuma ideia do motivo por que Deus escolheu não atender a seus desejos de maneira que permita atribuir a resposta à direta intervenção divina.

Depois que você deixar este mundo, saberá exatamente por que Deus lidou com sua oração da maneira que fez.

Tudo será revelado a você. Entretanto, enquanto esse dia não chegar, tudo o que se pode fazer quando uma oração não é atendida é refletir nos motivos pelos quais Deus pode ter optado pelo silêncio como resposta para seu pedido.

Em primeiro lugar, considere a possibilidade de que, quando estava fazendo a oração, seu coração não estivesse verdadeiramente envolvido nela. Isso acontece. Em relação a nossos desejos, às vezes somos como uma criancinha que *parece* querer muito mesmo alguma coisa — que, de fato, naquele momento *tem certeza* de querer muito mesmo essa coisa. Mas você sabe como é. Às vezes, quando as crianças querem algo com muita intensidade, elas fecham os olhos com muita força, ficam extremamente concentradas e agem como se, caso não recebam o que estão implorando, todo o Universo será sugado para dentro do gigantesco buraco negro causado pelo desejo não atendido.

Às vezes, quando isso acontece, sabemos que os desejos das crianças são temporários, que eles têm mais a ver com um jeito teatral — ou pressão dos coleguinhas, tédio ou superestimulação — do que com qualquer tipo de necessidade legítima.

Evidentemente, saber que essa intensidade tem natureza transitória nos deixa menos propensos a ceder às vontades das crianças.

Talvez, por isso, quando você orou pedindo algo que nunca recebeu, ou um acontecimento que nunca veio à existência, *realmente* não queria aquilo com tanta força mesmo.

Contudo, digamos que você orou com vigor pedindo algo que não era frívolo, e sua oração ainda assim não foi atendida. Essa decepção é um pouco mais grave.

No entanto, deve-se dizer que essa decepção também está fundada sobre uma suposição que precisa ser examinada. A suposição de que *você* sabe a quais desejos Deus deve ou não atender. Essa é uma premissa... robusta. Mais uma vez — sabemos que beira a insulto — olhamos para a criança como uma metáfora. Às vezes, o que as crianças querem em determinado momento não é realmente o que será melhor para elas no futuro: um monte de doces e balas. Um corte de cabelo no estilo moicano. Uma tatuagem na testa. O próprio jipão estilo militar. Você sabe quais são essas coisas.

Parece uma aposta segura dizer que, às vezes, Deus não responde à nossa oração porque está ciente de que os interesses — os dele, os nossos e os do *mundo* todo — não serão defendidos, caso ele atenda à oração.

É tranquilo dizer que, ao decidir o que é melhor, Deus olha de uma perspectiva mais ampla para tomar uma decisão do que qualquer perspectiva que possamos propor.

Tudo isso nos leva aos motivos muito bons pelos quais os cristãos maduros, quando oram, não tendem a dizer "Deus, por favor, faze isso ou aquilo", e sim "Deus, *se for da tua vontade*, por favor, faze isso ou aquilo". É uma observação muito importante. Sempre permita que ele tome a decisão final sobre seu pedido, se de fato a sua vontade é, em última análise, a coisa mais proveitosa para você.

Deus e você

Além de obviamente ser o melhor juiz para aquilo que é ou não o melhor para nós, e para o mundo de maneira genérica, Deus, em sua benevolência infinda, também tende a nos conceder muito mais do que ousaríamos pedir. Estar num relacionamento com Deus significa que, se orarmos sinceramente pedindo cem dólares, ele bem pode entregar mil!

Contudo, entregar mil dólares a você pode levar um pouco mais de *tempo*. E Deus usará esse tempo. Ele sabe que o tempo necessário para responder à sua oração é o tempo que você pôs à disposição para ele. Deus conhece sua vida. E parte disso é saber qual é o melhor momento para você esperar as coisas que ele possa ter em mente para sua vida.

Por isso, não se apresse em tirar a conclusão pessimista de que Deus não "atendeu" a uma de suas orações. Deixe as coisas rolarem por um tempo. Veja o que acontece.

Com o tempo, você verá que frequentemente Deus *atendeu* a suas orações, mas de uma maneira muito superior ao seu pedido original e que você não tinha percebido a riqueza e a abundância da resposta à sua oração.

Por exemplo, talvez você ore e ore pedindo para encontrar o vale-transporte que perdeu, e esse vale continue perdido; mas então, um mês depois, de alguma maneira, por meio de um milagre, você ganhe um carro novo.

Além de: 1) não querer de verdade aquilo que pediu em oração, 2) orar pedindo aquilo que na verdade não era a melhor coisa, ou 3) sua oração ser mais tarde respondida de uma maneira que não passava por sua cabeça, existe pelo menos outra razão possível para uma oração não atendida. Embora nunca *mereçamos* respostas de oração, talvez você não veja resposta para suas orações por estar vivendo como se não merecesse uma resposta.

Pense nisto: não importa como olhemos para a situação, quando oramos pedindo algo, *estamos* pedindo um favor a Deus.

E quem tem mais probabilidade de fazer um favor que você pediu: um amigo, um conhecido ou um inimigo?

Se em algum momento você ficar se perguntando por que Deus não atendeu a uma oração sua, considere se, para ele, você tem sido amigo, conhecido ou inimigo.

Você tem respeitado Deus? Você regularmente se volta para ele em busca de conselho e orientação? Você vive de maneira que lhe dê motivos de orgulho por se associar a você? Você age como um de seus embaixadores, ou como um de seus filhos desgarrados?

Você tem tratado Jesus como o amigo que ele mostrou ser para você?

Talvez, simplesmente não entregando-lhe todas as coisas que pediu, Deus o esteja disciplinando. Ele tem essa prerrogativa.

Seja um melhor amigo para Deus, e talvez ele seja um melhor amigo — bem, um amigo *obviamente* melhor — para você.

De uma coisa você pode estar seguro: Deus *sempre* ouve suas orações. Assim que você ora, essa conexão é estabelecida.

Deus ouve suas orações; Deus faz com suas orações aquilo que sabe ser o melhor para você e para o mundo de maneira geral. Deus é assim. É assim que Deus *age*. Confie nele.

"Portanto eu lhes digo: Não se preocupem com a sua própria vida, quanto ao que comer ou beber; nem com seu próprio corpo, quanto ao que vestir. Não é a vida mais importante que a comida, e o corpo mais importante que a roupa? Observem as aves do céu: não semeiam nem colhem nem armazenam em celeiros; contudo, o Pai celestial as alimenta. Não têm vocês muito mais valor do que elas? Quem de vocês, por mais que se preocupe, pode acrescentar uma hora que seja à sua vida? Por que vocês se preocupam com roupas? Vejam como crescem os lírios do campo. Eles não trabalham nem tecem. Contudo, eu lhes digo que nem Salomão, em todo o seu resplendor, vestiu-se como um deles. Se Deus veste assim a erva do campo, que hoje existe e amanhã é lançada ao fogo, não vestirá muito mais vocês, homens de pequena fé? Portanto, não se preocupem, dizendo: 'Que vamos comer?' ou 'Que vamos beber?' ou 'Que vamos vestir?' Pois os pagãos é que correm atrás dessas coisas; mas o Pai celestial sabe que vocês precisam delas. Busquem, pois, em primeiro lugar o Reino de Deus e a sua justiça, e todas essas coisas lhes serão acrescentadas" (Mateus 6.25-33).

"Deixo-lhes a paz; a minha paz lhes dou. Não a dou como o mundo a dá. Não se perturbe o seu coração, nem tenham medo" (João 14.27).

Simplesmente não existe outra maneira de experimentar uma paz profunda e duradoura que não estar constantemente em contato com Deus mediante a oração. À medida que essa comunicação acontecer, você ficará cada vez mais consciente de que ele está, sempre esteve e sempre estará com você.

Como identifico a presença de Deus ao meu redor a qualquer momento?

É pouco provável que em qualquer outro trecho deste livro você depare com uma pergunta mais fácil de ser respondida do que esta.

Uhuu! Você vai amar a visão que se tem daqui da Rua Facilidade! Falando de visões centrais, a pergunta de como se pode a qualquer momento discernir a presença de Deus ao seu redor é simplesmente estender seus sentidos na direção daquilo que o cerca e depois prestar atenção naquilo que esses sentidos registram.

Em outras palavras: discernimos a presença de Deus simplesmente olhando à nossa volta.

Faça isso. Tente agora mesmo. Pare de ler e olhe em volta.

Você sabe o que acabou de ver? *Deus!*

Por estarmos prontos a considerar como a coisa mais natural que existe o mundo físico que nos rodeia, às vezes é difícil lembrar que Deus não se restringe ao céu ou à igreja, ou mesmo aos corações por intermédio do Espírito Santo. Deus está incessantemente se desdobrando — até o ponto em que Deus se *desdobra* para fazer alguma coisa —

Deus e você

para encontrar todas as maneiras possíveis de comunicar a nós a realidade imediata de sua presença. Ele age em nosso interior e no exterior.

Quando, num momento qualquer, paramos para simplesmente dar uma olhada em volta, o que vemos? Vemos padrões: luz, formas, texturas. Camadas e mais camadas de fenômenos naturais e gerados pelos homens. Vemos cor. Vemos coisas que, no nível atômico, estão zunindo como loucas — e ainda assim lá estão elas, congeladas no tempo e no espaço, tão sólidas quanto é possível ser.

E, se em algum momento do dia realmente pararmos para *ouvir*, o que ouviremos? A música da vida; o zum-zum-zum da existência — rico, infindável e em diversas camadas.

E o que tocamos? O que cheiramos? Sentimos o gosto do quê? Em todos os casos, experimentamos sensações, temos experiências tão profundas e complexas que a ciência no fim precisa deixar de mão diante da coisa toda e admitir que a razão e a experimentação não conseguem captar o mais essencial e elementar a respeito da vida.

Aquilo que cada um de nós tem o tempo todo, em todos os locais que nos cercam é, sem balela, 100% *milagre*. (Isso não denigre a ciência. Será que alguém realmente quer pensar em onde estaríamos sem a capacidade e propensão humana de aplicar a razão ao universo físico?)

Se você quiser experimentar Deus, pare por um momento — em qualquer momento, em qualquer lugar — e... bem... experimente Deus!

Você foi *projetado* para isso. O mundo foi *projetado* para o inspirar a isso.

Sim, nós somos decaídos; e não, não experimentaremos a perfeição nem a harmonia perfeita enquanto Jesus não voltar em sua plenitude e finalmente endireitar tudo o que está errado. Ainda assim, o mundo — apesar das notícias, da poluição do ar e do acúmulo de detritos nocivos à vida moderna — foi criado para inspirar assombro reverente em nós. Procuremos as marcações, os sinais, com seus sentidos, e *em todos os lugares* veremos, ouviremos, sentiremos o cheiro e o gosto e tocaremos os sinais do Criador.

As pessoas que resistem à ideia de crer em Deus costumam dizer que *acreditariam* em Deus, bastando que uma vez na vida pudessem ver ou experimentar um milagre verdadeiro e inegável. Entretanto, elas estão constantemente cercadas por nada além de milagres.

A pergunta verdadeira nunca é "Onde está Deus?" A pergunta verdadeira é "Onde ele não está?" Deus não está em lugar nenhum? Não. Deus está aqui e agora.

> Todas as coisas foram feitas por intermédio dele; sem ele, nada do que existe teria sido feito (João 1.3).
>
> Nele [Jesus] foram criadas todas as coisas nos céus e na terra, as visíveis e as invisíveis, sejam tronos ou soberanias, poderes ou autoridades; todas as coisas foram criadas por ele e para ele. Ele é antes de todas as coisas e nele tudo subsiste (Colossenses 1.16,17).

Embora algumas pessoas digam que acreditariam em Deus, caso ele manifestasse sua presença, é importante lembrar que, quando ele se manifestou, as pessoas o mataram. Até mesmo quando Deus, na forma de Jesus, andou por este mundo, ainda era necessário acreditar em sua existência quando as coisas iam bem ou quando as coisas iam de mal a pior. E neste mundo muita coisa irá mal, de mal a pior.

Por que Deus permite a existência do mal?

É uma pergunta difícil. De fato, é tão difícil que, durante séculos, virou uma área de estudos específica, dedicada ao assunto. A divisão da investigação teológica e filosófica que busca harmonizar a malignidade com um Deus justo e benevolente se chama "teodiceia", ou seja, o problema do mal.

O simples fato de fazer essa pergunta faz de você um adepto da teodiceia.

Você sabia que aumentaria seu conhecimento se lesse este livro; isso é certo.

Contudo, você achava que o livro faria de você um adepto da teodiceia?

Não achava.

Não minta.

Porque mentir é algo mal, e... bem, para que estamos dizendo isso? *Você é* um adepto da teodiceia.

Muito bem. Esta é nossa posição oficial sobre os motivos de Deus permitir a existência do mal:

Deus permite que o mal exista porque ele permite que as *pessoas* existam. São as pessoas que cometem coisas más, não Deus. (Neste momento, estamos discutindo especificamente o mal cometido por humanos. Trataremos do assim chamado "mal natural" — terremotos, enchente, câncer e outros — na pergunta a seguir. [E trataremos da origem espiritual do pecado na pergunta "O que é 'pecado original'?", na página 141]).

O que quase sempre vai no coração das pessoas quando elas perguntam "Por que Deus permite a existência do mal?" é "Por que Deus não impede que o mal aconteça?". Em termos práticos, necessariamente isso se resume à pergunta: "Por que Deus não impede que as pessoas pratiquem atos maldosos?".

Deus não nos impede de fazer o que queremos porque isso seria retirar o livre-arbítrio que ele nos deu. Por nos amar — e sem mencionar que ele nos criou à sua imagem —, violar nosso livre-arbítrio é algo que Deus não vai fazer. E definitivamente não é algo que qualquer um de nós *desejaria* ver Deus fazendo. O livre-arbítrio é o que nos faz humanos. É o dom definitivo de Deus para nós, é *a* qualidade que nos define. Nosso livre-arbítrio é a prova positiva de que Deus nos ama a ponto de nos conferir a capacidade de ignorá-lo ou negá-lo completamente se assim quisermos. *Isso* é amor.

Deus teria de nos amar bem menos do que ama a fim de começar a derrubar nosso livre-arbítrio. Na verdade, ele teria de nos odiar.

Deus e você

É uma aposta extremamente segura que, caso Deus decidisse impedir as pessoas de cometerem coisas más, ninguém do Planeta deixaria de ansiar com saudosismo pela época em que eram livres para escolher. Não que alguém pudesse *pensar* desse jeito, já que Deus determinou que não poderíamos pensar nem fazer algo que o desagradasse. Nós nos tornaríamos autômatos zumbificados, penetras inteiramente desprovidos de tudo o que hoje reconhecemos como pensamento. Impedir que as pessoas sejam capazes de fazer o mal significa impedi-las de *pensar* em fazer o mal, que significa impedi-las que cheguem a ter os pensamentos negativos que necessariamente antecedem as más ações. E isso *somente* poderia resultar num pleno controle mental.

Quando um pensamento passa a ser "algo mal"? Se eu achar que uma pessoa está malvestida, esse é um pensamento mal? Se eu achar que essa pessoa não deveria ter saído de casa com essas roupas, esse pensamento pode ser classificado como algo mal? Se eu ficar me perguntando como é que essa pessoa consegue se olhar no espelho e pensar que a roupa ficou boa, *esse* é, finalmente, um pensamento mal? Dá para enxergar o problema? A gama total de pensamentos que ficam entre "mal" e "não mal" constitui uma gradação de cinzas infinita que praticamente a única maneira de impedir tais pensamentos — que, lembre-se, necessariamente antecedem as más ações — é impedir todos os pensamentos. Ponto final.

Não pratique o mal = não pense em nada maligno = não tenha nenhum pensamento = ausência da vida tal como a conhecemos.

É por isso que ninguém realmente quer que Deus impeça as pessoas de praticarem o mal. A existência do mal não prova que Deus não é benevolente. Só prova o tamanho de sua benevolência.

Não se deixem vencer pelo mal, mas vençam o mal com o bem (Romanos 12.21).

Submetam-se a Deus. Resistam ao Diabo, e ele fugirá de vocês (Tiago 4.7).

Jesus lhe disse: "Retire-se, Satanás! Pois está escrito: 'Adore o Senhor, o seu Deus, e só a ele preste culto' ".— Então o Diabo o deixou, e anjos vieram e o serviram (Mateus 4.10,11).

"Ele faz raiar o seu sol sobre maus e bons e derrama chuva sobre justos e injustos" (Mateus 5.45).

É, sendo humanos, podemos fazer escolhas que são tão maldosas de tantas maneiras que só podem ser classificadas como malignidade. Contudo, hoje no mundo existem outros tipos de males.

Por que Deus permite a existência do mal "natural", de terremotos, doenças e coisas do tipo?

Outra boa pergunta! De onde é que você tira essas perguntas? Vamos falar sério. Você tem um dom.

Use-o para o bem, meu amigo, e nunca para o mal. Por falar nisso... Temos o tipo de mal *pessoa para pessoa,* que já examinamos, e o que parece ser o mal *Deus para pessoas*: furacões, enchentes e coisas semelhantes.

Então, essa questão se resume a isto: como um Deus amoroso permite que as pessoas sofram coisas terríveis que *não foram* causadas por outras pessoas?

Para começar, quero deixar absolutamente claro que Deus odeia quando as pessoas sofrem. A identificação de Jesus conosco é *plena*: quando sofremos, ele sofre. Ele provou isso na cruz.

Este é o ponto de chegada para o mal natural: não temos nenhuma ideia de quanto desse mal poderia ser erradicado por nós, se todos decidíssemos cuidar de mais nada além da saúde e do bem-estar de cada pessoa neste planeta.

Não sabemos que conseguiríamos fazer se dedicássemos tudo o que temos a um esforço sustentado, mundial e conjunto para erradicar as doenças, a prever e a administrar todos os desastres "naturais".

Não sabemos quanto do nosso ambiente e saúde somos realmente capazes de regular e controlar. Nunca descobrimos isso porque estamos sempre ocupados gastando muito, mas muito mesmo do nosso tempo, energia e recursos para lutar uns com os outros.

Simplesmente não temos direito de culpar Deus por aquilo que, até onde sabemos, são problemas que podemos erradicar se apenas aprofundássemos nosso comprometimento de amar o próximo na mesma medida que o amor que temos por nós — se déssemos tudo para que as pessoas progredissem. (Para saber mais a respeito do Grande Mandamento, veja a pergunta "Qual é o Grande Mandamento? O que o faz ser grande?", na página 85).

Por exemplo, todos os dias, 16 mil crianças morrem por falta de comida. No entanto, sabemos que existe comida mais do que suficiente na terra para manter cada pessoa satisfeita e saudável.

Quem *sabe* o que poderíamos fazer se revíssemos nossas prioridades? Quem sabe com que rapidez conseguiríamos curar todas as doenças que hoje são pragas que nos consomem?

Nenhum de nós sabe, pois nunca fizemos disso nossa prioridade.

Não é nada justo alcançar Deus quando ainda não alcançamos uns aos outros.

> "Quem ouve estas minhas palavras e as pratica é como um homem prudente que construiu a sua casa sobre a rocha. Caiu a chuva, transbordaram os rios, sopraram os ventos e deram contra aquela casa, e ela não caiu, porque tinha seus alicerces na rocha. Mas quem ouve estas minhas palavras e não as pratica é como um insensato que construiu a sua casa sobre a areia. Caiu a chuva, transbordaram os rios, sopraram os ventos e deram contra aquela casa, e ela caiu. E foi grande a sua queda" (Mateus 7.24-27).

Deus e você

Jesus respondeu: "Se você quer ser perfeito, vá, venda os seus bens e dê o dinheiro aos pobres, e você terá um tesouro nos céus. Depois, venha e siga-me" (Mateus 19.21,22).

É interessante que, quando uma coisa ruim acontece, concluímos que deve ter sido culpa ou plano de Deus. A culpa costuma ser nossa. Pense nisto: em 2004, a venda mundial de cosméticos e artigos de banho ultrapassou 250 bilhões de dólares. E se nós simplesmente fizéssemos um corte de meros 10%? Esses 25 bilhões de dólares podiam amenizar muito a fome mundial e aliviar o impacto dos desastres, não acha? E, ainda por cima, você continuaria se sentindo bem e com a melhor das aparências.

Sabemos, do mesmo jeito, que a perda é dolorosa, e que é penoso superar qualquer tipo de tragédia, especialmente se você acredita que Deus deveria tê-la impedido.

Como mantenho minha fé em Deus depois do que parece ser uma tragédia sem sentido?

Você fecha os olhos, volta-se para o Espírito Santo que está dentro de você e pergunta a Deus se ele ainda está ali, se ainda é real, se ainda está protegendo você e todo o restante do mundo. Se a tragédia que está enfrentando inclui a morte de uma pessoa amada, então pergunte a Deus se ela está bem — se ela está a salvo e com ele agora. Se não estiver seguro, deixe-a com Deus, que conhece cada coração e faz bem todas as coisas.

Quando estiver enfrentando uma tragédia, é importante saber que coisas ruins acontecem por diversas razões.

Vivemos num mundo decaído, temos liberdade de escolha, algumas pessoas escolhem o errado, e isso acaba nos ferindo. Costumamos culpar Deus por coisas que ele não fez. Não dê ouvidos aos que afirmam que Deus teve um propósito para causar sua tragédia. Deus fará que ela tenha um propósito, e que nenhuma lágrima será desperdiçada. Ele nunca nos prometeu uma vida sem sofrimento, mas, quando enfrentamos a dor, o amor que ele sente por nós certamente o faz chorar conosco. Aquilo que não conseguimos sondar agora *ficará* claro e evidente para nós mais tarde. Por isso, às vezes precisamos simplesmente ir aguentando e esperar por esse conhecimento.

De todos os lados somos pressionados, mas não desanimados; ficamos perplexos, mas não desesperados; somos perseguidos, mas não abandonados; abatidos, mas não destruídos. Trazemos sempre em nosso corpo o morrer de Jesus, para que a vida de Jesus também seja revelada em nosso corpo. Pois nós, que estamos vivos, somos sempre entregues à morte por amor a Jesus, para que a sua vida também se manifeste em nosso corpo mortal (2Coríntios 4.8-11).

Deus é maior do que o nosso coração e sabe todas as coisas (1João 3.20).

Bem, tragédia é sempre tragédia. E podemos ficar presos no mundo do que foi e daquilo que poderia ter sido e nunca descobrir tudo o que Deus tem para nós. Qualquer que seja a tragédia, precisamos viver o pesar e a dor, e abraçar a realidade da vida que está diante de nós. A boa notícia é que, depois da tragédia, Deus está ali do nosso lado, pois ele nos ama e é real.

Se Deus é real, por que não *prova* de uma vez por todas que existe?

Deus não "prova" sua existência de maneira verificável ou objetiva pelo mesmo motivo que não impede as pessoas de praticarem maldades: fazer tal coisa violaria o livre-arbítrio que nos concedeu (veja novamente a pergunta "Por que Deus permite a existência do mal?", na página 69).

Pense nisto: a pessoa que faz essa pergunta quer de verdade que Deus prove a ela *pessoalmente* que existe e também que simultaneamente prove sua existência para um montão de outras pessoas. Pois, se Deus provar sua existência apenas a você e a mais ninguém, então você terá em mãos um tremendo desafio, certo? No momento em que Deus provar a você, e só a você, que ele existe, você só pode fazer duas escolhas. A primeira é dizer às pessoas como Deus provou a você que ele é real e arranjar uma maneira satisfatória de explicar por que ele só deu essa prova a *você* — e deixá-los pensando que você está completamente alucinado. A segunda é *não* dizer a ninguém como Deus provou a você que é real e correr o risco de ter um ataque cardíaco por causa do estresse de guardar para si essa experiência tão extraordinária.

Seja como for, você sai perdendo.

É por isso que reivindicar uma prova irrefutável, objetiva e verificável da existência de Deus *necessariamente* acarreta a reivindicação de ele provar sua existência a todo mundo — ou, pelo menos, para metade, pois assim você fica com a maioria.

Ao provar a realidade de sua existência a todos no mundo de uma só vez, a que se resume Deus? A fazer algo como repentinamente surgir nos céus, anunciando com voz estrondosa: "Aqui estou, mundo! Surpresa! Sou eu! Tentem não desmaiar!".

Evidentemente, ele teria de dizer isso em cada uma das línguas existentes. Incluindo, imagino, o balbuciar dos bebês.

A questão é a seguinte: para Deus provar a realidade de sua existência o mundo todo ao mesmo tempo seria uma bela prova do desafio lógico.

E você sabe o que aconteceria se Deus *de fato*, final e irrefutavelmente, provasse sua existência o mundo todo de uma só vez? Pessoas de todos os lugares iriam gritar, desmaiar, exclamar, confessar, arrancar os cabelos, rasgar suas roupas — e, depois de mais ou menos quinze minutos, todos ficariam tão entediados com a própria vida que cairiam repentinamente e perderiam a consciência.

A verdade é que nós *não* queremos que Deus prove sua existência da mesma maneira que tudo o mais em nossa vida que é "real" para nós é real para nós. Pois, se ele fizesse isso, seria destruído dentro de nós o maravilhamento refinado, vital e existencial que nos mantém sempre na direção da resolução, do conhecimento, da clareza, do contexto e da inteireza. Sem essa qualidade, sem esse impulso, alguém de nós realmente teria vontade de ser humano? Simplesmente pense. Imagine que Deus apareceu para você, em forma física — que ele conversou e simplesmente... ficou por ali durante algum tempo. Você sentiria uma admiração reverente, ficaria maravilhado. Você ficaria estranhamente apático. Pois *não sobraria mais nenhum mistério na sua vida.* Quem continua animado para ler um romance se já sabe qual é o final? *Precisamos* que Deus seja misterioso. Para que tenhamos a experiência mais enriquecedora e mais humana possível *nesta vida e sobre a terra*, precisamos que Deus permaneça além do alcance de nossa compreensão racional, além daquilo que conseguimos captar.

Nosso relacionamento com Deus precisa ser bidirecional, interativo, de dar e receber, constantemente fazendo *intercâmbios* relacionais — com a mesma essência dos relacionamentos que temos com todas as pessoas que fazem parte da nossa vida. Se Deus simplesmente aparecesse para nós de maneira definitiva, os fundamentos de nosso relacionamento pessoal com ele seriam alterados radicalmente — seríamos tão fortemente empurrados para fora do papel subjetivo de dar e receber, tão necessário para nos manter atrelados a Deus, que já não seríamos quem somos.

Estaríamos... Desconectados. Estagnados. Paralizados. A vida prossegue porque queremos saber, conhecer. Se soubéssemos, conhecêssemos, ficaríamos paralizados. Se tivéssemos tudo, que motivos teríamos para nos esforçar?

O jogo acabaria.

O propósito teria sido cumprido.

O mistério estaria resolvido.

Nenhum motivo especial para prosseguir.

Como isso poderia ser uma coisa boa?

Então, na verdade, você quer que Deus "prove" sua existência do mesmo jeito que quer perder sua imaginação, iniciativa ou curiosidade.

Aqui está outra razão pela qual não faz nenhum sentido desejar que Deus repentinamente prove a todo mundo que ele "realmente" existe: seu propósito não é trabalhar com todas as pessoas de uma só vez, de fora para dentro, da mesma maneira. Deus desenvolve seu relacionamento conosco de maneira individual, de dentro para fora: Deus fala ao *nosso* coração, *nossa* alma, nossa experiência, do modo que *nós* mais precisamos ouvi-lo e compreendê-lo.

Deus ama cada um de nós de maneira pessoal e quer se comunicar com muita intimidade, cuidado e gentileza: ele quer comunicar de si mesmo para nós do modo que naquele momento é melhor para nós.

Por enquanto, Deus não tem nenhuma intenção de, ao mesmo tempo, sobrepujar todas as pessoas.

Deus e você

Deus se agrada de ser "real" onde ele pode mostrar o *máximo* de sua realidade — onde você pode compreendê-lo ao máximo — que é dentro de você. Não somos meros seres físicos. Em parte, sermos portadores da "imagem de Deus" significa que somos espirituais, assim como Deus é primeira e primordialmente espiritual. A comunhão mais plena com ele precisa ser a comunhão espiritual. Precisa acontecer dentro de nós.

No fim, apesar de você *achar* que quer ver Deus provar-se de maneira objetiva, tangível, concreta e *física*, na verdade você não quer nada disso.

Você não quer isso porque você é mais complexo do que isso. Você não quer isso porque suas necessidades são mais reais do que isso.

Você não quer isso porque você é superior a isso.

> Desde a criação do mundo os atributos invisíveis de Deus, seu eterno poder e sua natureza divina, têm sido vistos claramente, sendo compreendidos por meio das coisas criadas, de forma que tais homens são indesculpáveis (Romanos 1.20).

> "E lembrem-se disto: eu estou com vocês todos os dias, até o fim dos tempos" (Mateus 28.20, *NTLH*).

Em última análise, todas as perguntas sobre a existência de Deus, e sobre os motivos de como o mundo é operado, serão respondidas quando chegarmos aos céus. Mas, enquanto não chegamos lá, podemos ser gratos por Deus realmente existir. Se ele não existisse — e se as pessoas não mudassem seus caminhos nem se rendessem a ele — certamente as coisas seriam bem piores do que são. Veríamos com mais clareza todas as coisas ruins que nunca aconteceram porque a bondade, a graça e o amor de Deus impediram que acontecessem. Enquanto não entrarmos na próxima vida, queremos fazer da vida o máximo que ela pode ser. E fazemos esse máximo nos apegando a Deus, a nós e aos outros.

CAPÍTULO 2

Deus, você e os outros

Quando estamos sozinhos, nos saímos bem. É nos relacionamentos que tendemos a criar confusão, em que realmente passamos por conflitos e agitações. Por viver nas florestas, Grizzly Adams teve de lutar com ursos, mas nunca entrou em contendas com uma pessoa que agisse como urso. O relacionamento é difícil, especialmente considerando que sempre precisamos nos relacionar com outras pessoas para refletir o amor de Deus por elas. Entre outras coisas, isso com certeza elimina cartazes com os dizeres "Deus odeia _____" (complete o espaço em branco). Para aqueles que levantam cartazes desse tipo, tenho vontade de levantar meu próprio cartaz com os dizeres "Deus odeia pessoas que seguram cartazes dizendo que ele odeia pessoas". Mas isso não seria assim muito santo da minha parte. Certamente não refletiria a atitude de Deus em relação àqueles que não pensam como eu nem creem no que creio.

Qual deve ser minha atitude diante de cristãos com ideias ou entendimento diferentes dos meus quanto ao cristianismo?

Numa palavra, respeitosa.
Em duas palavras, respeitosa e compreensiva.

Em mais palavras: não é seu papel determinar em que ponto uma pessoa se encontra na jornada que leva a Deus. Você pode crer que conhece a verdade e, se conhece, essa verdade o motivará a entender aquilo em que outras pessoas creem ser verdade. Em vez de começar tentando corrigi-las, espera-se que você procure se conectar com elas, coisa que Jesus costumava fazer.

Dito isso, sabemos que é quase impossível *não* julgar a religiosidade ou a teologia de outra pessoa. Instintivamente, todos nós acreditamos de coração que as verdades a respeito de Deus que ele mesmo pôs dentro de nós é *a verdade*: a real verdade, a grande verdade, a verdade mais verdadeira, uma verdade *melhor*.

Evidentemente, isso só pode significar uma coisa a respeito daqueles que não adotam exatamente a mesma compreensão que temos de Deus e de sua vontade.

Na melhor das hipóteses, eles simplesmente estão errados.

E estar errado em termos de religião evidentemente nunca está muito longe da heresia.

É uma palavra pesada; você não deve nem chegar perto dela.

Melhor não se associar a ela. O melhor é você simplesmente dar seu melhor para ficar o mais perto possível de Deus e orar para que outros façam o mesmo.

"Não julguem, para que vocês não sejam julgados" (Mateus 7.1).

No fim, um montão de gente que queremos julgar está de fato, literalmente, fazendo o melhor que pode ou o melhor que sabe fazer. Além disso, não sobra tempo para julgar todos os que não são tão maravilhosos como nós se estivermos ocupados fazendo alguma coisa grandiosa que fomos instruídos a fazer.

Qual é o Grande Mandamento? O que o faz ser grande?

Como você já deve bem saber, Jesus ensinou e disse muitas coisas. Algumas são bem fáceis de captar ("Se algum de vocês estiver sem pecado, seja o primeiro a atirar a pedra nela" [João 8.7]); outras são bem profundas ("O Filho do homem não tem onde repousar a cabeça" [Mateus 8.20]); e outras representam um verdadeiro desafio ("Se alguém vem a mim e ama o seu pai, sua mãe, sua mulher, seus filhos, seus irmãos e irmãs, e até sua própria vida mais do que a mim, não pode ser meu discípulo" [Lucas 14.26]).

Depois disso, em Marcos 12.28-31, encontramos Jesus nesta situação.

> Um dos mestres da lei aproximou-se e os ouviu discutindo. Notando que Jesus lhes dera uma boa resposta, perguntou-lhe: "De todos os mandamentos, qual é o mais importante?"
>
> Respondeu Jesus: "O mais importante é este: 'Ouve, ó Israel, o Senhor, o nosso Deus, o Senhor é o único Senhor. Ame o Senhor, o seu Deus, de todo o seu coração, de toda a sua

alma, de todo o seu entendimento e de todas as suas forças'. O segundo é este: 'Ame o seu próximo como a si mesmo'. Não existe mandamento maior do que estes".

Então. Aí está Jesus dizendo com a maior clareza aquilo que ele considera o mais importante de seus ensinamentos. Parece interessante dar atenção a isso, não?
Sim.
Se Jesus afirma que algo é o maior de todos os mandamentos, então sabemos ter encontrado uma base sobre a qual permanecer pelo resto da vida, sem termos de nem mesmo uma vez ficar perguntando se estamos ou não no lugar certo.
Assim, a primeira e mais óbvia resposta para "O que faz o maior dos mandamentos ser o maior?" é que Jesus explicitamente nos disse que não é apenas um *bom* mandamento. Como é evidente, isso encerra o assunto.
E faz bastante sentido pensar que, se Deus é amor, então o maior de todos os mandamentos teria muito a ver exatamente com isso? Mas um monte de gente tem todos os sentimentos, menos o de que é amado, pois nós não amamos essas pessoas. Por isso, vamos nos ocupar fazendo o que sabemos que precisamos fazer e queremos fazer — e aquilo que Deus deseja que façamos.

Como cumpro o Grande Mandamento?

Como muito do que Jesus ensinou, o Grande Mandamento *parece* bem simples — e é —, mas é também tão profundo, tão rico, que fica parecendo que podemos extrair para sempre ouro puro.

Como vimos, o maior de todos os mandamentos consiste em duas partes: ame a Deus com todo o seu coração, com toda a sua alma, mente e força; e ame seu próximo como você se ama.

Então tá. Como se *aqueles* fossem tão difíceis de cumprir, certo? Provavelmente, você poderia cumpri-los sentado bem aí em sua cadeira!

Cumpramos *todos nós* o maior de todos os mandamentos, já! Fechemos os olhos e amemos a Deus com todo o coração e com toda a alma, mente e força.

Ahhhhhh.

Sinta seu amor por Deus.

Ahhhhhh.

Sinta o amor por seu próximo, por seu vizinho. Observe-se sentindo que ele não é um cara tão ruim assim.

Esqueça de como ele constantemente ouve música com o volume nas alturas e de como ele parece convencido de que passear com seu cão lhe concede o direito divino de acordar a vizinhança às 7 da matina do sábado e deixar o animal fazer sujeira em frente da garagem dos outros.

Sinta-se perdoando a mania que ele tem de jogar as bitucas de cigarro na sua calçada.

Você não sente ódio mortal desse vizinho estúpido, preguiçoso e imprestável?!

Tudo bem com Deus — mas esse cara? Quem conseguiria amar *esse* cidadão?

Ou o caminhoneiro que deu uma fechada em você ontem na rodovia.

Ou o colega de trabalho que fica tentando ganhar o crédito por suas realizações.

Ou o professor inacessível que se torna incapaz de interações humanas normais.

Ou esta pessoa.

Ou aquela pessoa.

Ou estas pessoas.

Ou aquelas.

Agora começamos a perceber melhor os aspectos desafiadores da aplicação cotidiana da ordem suprema de Jesus.

Certamente Jesus sabe selecionar seus mandamentos. No entanto, em sua essência, o maior de todos os mandamentos *é* realmente simples de cumprir. Primeiro, ama-se a Deus. Mas é preciso amar a Deus com seriedade, verdadeiramente, com todo o seu coração e com toda a sua alma, mente e força. A fim de cumprir o maior de todos os mandamentos, é preciso ficar sozinho, separar algum tempo e realmente, *realmente*, amar a Deus.

E quando você faz isso — de fato, fazer isso de verdade, já —, o que acontece?

O que acontece é a parte do maior de todos os mandamentos que Jesus, em sua assombrosa sabedoria, omitiu para que nós descobríssemos sozinhos.

O que acontece quando amamos a Deus? Sentimos quanto Deus nos ama.

Tudo se resume a isso. É assim que funciona quando amamos a Deus. (Além disso, o amor que você recebe de Deus é bem maior do que o amor que você dá. Você dá um tipo de amor capenga, disperso, sem objetividade para ele, e, em retorno, recebe esse amor incrível, perfeito, inconfundivelmente divino para encher cada uma de suas células. É como trocar centavos por diamantes.)

Primeiro você ama a Deus; depois você fica cheio do amor de Deus.

Depois — e só depois, quando for preenchido pelo amor de Deus — você fica preparado para amar até um vizinho tão tóxico quanto o seu.

Não é possível amar seu próximo com uma mente normal, do cotidiano, que se irrita por pouco, cheia de críticas e habitualmente repleta de julgamentos. Se é que você realmente vai sentir-se tranquilo, benevolente, paciente e verdadeiramente amoroso com as pessoas — com *todas* as pessoas —, então precisará de um amor divino concentrado, puro, vindo direto da fonte.

Você precisará do amor de Deus

Isso se obtém de um jeito, e exclusivamente de um jeito: amando a Deus.

De fato, o jeito de cumprir o maior de todos os mandamentos é apenas observando a primeira parte dele. Tendo feito isso — amado a Deus com tudo o que você é e tem — a parte seguinte acontece automaticamente.

> Amados, amemos uns aos outros, pois o amor procede de Deus. Aquele que ama é nascido de Deus e conhece a Deus.

Quem não ama não conhece a Deus, porque Deus é amor. Foi assim que Deus manifestou o seu amor entre nós: enviou o seu Filho Unigênito ao mundo, para que pudéssemos viver por meio dele. Nisto consiste o amor: não em que nós tenhamos amado a Deus, mas em que ele nos amou e enviou seu Filho como propiciação pelos nossos pecados. Amados, visto que Deus assim nos amou, nós também devemos amar uns aos outros (1João 4.7-11).

Existem diversos "uns aos outros" na Bíblia, e, se você examinar cuidadosamente, fica com a impressão de que Deus espera que nós fiquemos por aí junto com alguém, ajudando, incentivando e confrontando, sempre mostrando reciprocidade no amor. Quando pensamos no assunto, parece impossível.

Como se faz para viver à altura do padrão estabelecido no Grande Mandamento?

É uma pergunta muito boa, pois mostra a ideia de que o maior de todos os mandamentos não é uma instrução tão simples — Deus sabe — quanto muitos cristãos rotineiramente supõem ser.

A resposta é que não se pode alcançar o padrão ditado pelo maior de todos os mandamentos. Ninguém consegue. Somos capazes de amar a Deus com todo o coração e com toda a alma, mente e força por sabe-se lá dois minutos por vez? Três? Cinco? Meia hora se fôssemos monges? Mas, cedo ou tarde, mesmo um monge fica com fome e precisa pensar em comida, ou sente coceira e precisa pensar em coçar-se, ou simplesmente recebe uma ligação no seu aparelho móvel de última geração. Cedo ou tarde, algo trará você de volta ao grande e maldoso mundo onde, no fim das contas, a atenção é necessária para você viver e fazer seu caminho.

Simplesmente não é possível amar a Deus o tempo todo do modo tão abrangente que esse mandamento prescreve. Nem mesmo se você quiser, por exemplo, pedir algo de um cardápio, muito menos operar maquinário pesado.

Igualmente, é tão possível amar consistentemente todas as pessoas do mundo quanto é possível abrir a boca, mergulhar no oceano e sugar todo o plâncton. Essas coisas simplesmente não acontecem.

Deus sabe disso. Ele sabe que não conseguimos amá-lo ininterruptamente, nem amar as pessoas, usando toda a paixão que temos. Deus sabe — e bem melhor do que qualquer um de nós — qual é nossa capacidade de dar e receber amor.

Ele sabe que somos humanos.

Você sabe o que Deus quer quando se trata de cumprir o maior de todos os mandamentos? Ele quer que façamos uma tentativa. Ele quer que nós, de maneira consciente e propositada, o amemos sempre que pudermos e deseja que sejamos generosos e amorosos com o próximo sempre que dentro de nós existirem as condições para agir dessa maneira.

Quando não conseguirmos amar a Deus tanto quanto podemos nem conseguirmos amar o próximo na mesma medida em que nos amamos, ele quer que peçamos perdão por nossa transgressão.

E por que Deus quer que peçamos seu perdão? Porque ele quer que novamente sejamos cheios da plenitude de seu amor por nós.

E *isso* — um ciclo *vivificante*, que cura o coração, restaura a alegria e injeta coragem — tem toda relação com a vida cristã. Não se trata de cumprir com perfeição o maior de todos os mandamentos. Trata-se do aprendizado e do amor que surgem quando tentamos continuamente.

Deus, que disse: "Das trevas resplandeça a luz", ele mesmo brilhou em nossos corações, para iluminação do conhecimento da glória de Deus na face de Cristo (2Coríntios 4.6).

Por isso, não se esqueça de que, quando estiver por aí sendo quem é e dando o melhor de si a fim de brilhar para Deus, às vezes o brilho fica ofuscado. Ele sabe disso. Ei, todos somos humanos. Mas não permita que um erro se torne um padrão nem um hábito. Aperte o botão "reiniciar vida", busque o perdão e vá em frente. Ir em frente, contudo, é exatamente a condição na qual Deus quer você: ir em frente, ir em direção ao mundo, e fazer algo extraordinariamente grandioso.

O que é a Grande Comissão? O que a faz grande?

"Grande comissão" é o termo que os cristãos tradicionalmente usam para se referir a algo que Jesus disse a seus discípulos quando voltou à vida depois da crucificação (veja a pergunta "Por que a ressurreição de Cristo é tão importante para mim?", na página 160).

Quando as pessoas falam sobre a comissão, normalmente estão se referindo à versão mais conhecida, que se encontra no evangelho de Mateus (28.16-20).

Os onze discípulos foram para a Galileia, para o monte que Jesus lhes indicara. Quando o viram, o adoraram; mas alguns duvidaram. Então, Jesus aproximou-se deles e disse: "Foi-me dada toda a autoridade nos céus e na terra. *Portanto, vão e façam discípulos de todas as nações, batizando-os em nome do Pai e do Filho e do Espírito santo, ensinando-os a obedecer a tudo o que eu lhes ordenei.* E eu estarei sempre com vocês, até o fim dos tempos" (grifos nossos).

O trecho em itálico é o próprio cerne da comissão. O que dá à Grande Comissão uma importância monumental na história e no futuro do cristianismo é o grau de compreensão que os cristãos sempre tiveram sobre a comissão como um instigador para a evangelização, ou seja, como inspiração para que *pessoalmente* tentem ao máximo ajudar os não cristãos a enxergar, entender e aceitar a supremacia de Jesus em sua vida.

Qualquer um que já se tenha aproximado de você e dito algo como "Você já ouviu a Palavra do Senhor?" ou "Você já aceitou Jesus Cristo como seu Senhor e Salvador pessoal?" estava dando o máximo para obedecer a essa comissão.

"Mas receberão poder quando o Espírito Santo descer sobre vocês, e serão minhas testemunhas em Jerusalém, em toda a Judeia e Samaria, e até os confins da terra" (Atos 1.8).

Então disse aos seus discípulos: "A colheita é grande, mas os trabalhadores são poucos. Peçam, pois, ao Senhor da colheita que envie trabalhadores para sua colheita" (Mateus 9.37,38).

Na verdade, este livro é nossa tentativa de obedecer à Grande Comissão por meio da evangelização e do ensino. Gostamos de fazer isso dessa maneira. No entanto, evidentemente, existem diversas maneiras diferentes de fazer a mesma coisa, e não se espera que todos façam do mesmo jeito nem do jeito que todo mundo faz.

Preciso evangelizar os não cristãos que fazem parte da minha vida?

Não, certamente você não "precisa" evangelizar. Fique sossegado, pois Deus é perfeitamente capaz de levar a ele pessoas no tempo e do jeito que for propício. Entretanto, é bem provável que você *ficará* totalmente tomado pela própria alegria no Senhor ao compartilhar essa alegria com outros. É bem natural ter vontade de compartilhar algo maravilhoso que você encontrou com todas as pessoas a seu redor, especialmente com as pessoas na vida por quem você tem afeição e cuidado. E se esse algo, que realça e salva vidas, for totalmente *gratuito* a qualquer que pedir? Bem, não seria nada surpreendente se cada Bíblia vendida viesse com um berrante.

Saber quando e como é melhor para você pessoalmente compartilhar sua fé com outras pessoas é uma pergunta que o Espírito Santo estará sempre pronto para o ajudar a responder. Primordialmente, é uma simples questão de prestar atenção aos sinais que os nãos cristãos enviam sobre o grau de prontidão para terem uma conversa na qual seria natural falar sobre o valor e a natureza das convicções pessoais. É improvável que forçar uma conversa dessa seja algo produtivo para você ou para a pessoa. Quem quer afastar alguém por ser excessivamente zeloso e forçar Cristo sobre as pessoas antes de elas estarem receptivas a esse tipo de interação?

A regra básica quando você se perguntar como e quando deve evangelizar é *simplesmente seja quem você é e relaxe*. Quando for a hora de falar sobre Jesus com alguém, Jesus, por meio do Espírito, vai informar você. Creia nisso. O propósito último de Deus é levar cada uma das pessoas da terra à compreensão de que seu Filho morreu para que elas tenham a vida eterna. E, sendo cristão, *certamente* você tem um papel nessa missão inspiradora. Confie que Deus vai mostrar quando for a hora de você dar esse passo — como e com quem.

> Vocês mesmos são a nossa carta, escrita em nosso coração, conhecida e lida por todos. Vocês demonstram que são uma carta de Cristo, resultado do nosso ministério, escrita não com tinta, mas com o Espírito do Deus vivo, não em tábuas de pedra, mas em tábuas de corações humanos (2Coríntios 3.2,3).

"Vocês são a luz do mundo. Não se pode esconder uma cidade construída sobre um monte. E, também, ninguém acende uma candeia e a coloca debaixo de uma vasilha. Ao contrário, coloca-a no lugar apropriado, e assim ilumina a todos os que estão na casa. Assim brilhe a luz de vocês diante dos homens, para que vejam as suas boas obras e glorifiquem ao Pai de vocês, que está nos céus" (Mateus 5.14-16).

Santifiquem Cristo como Senhor em seu coração. Estejam sempre preparados para responder a qualquer pessoa que lhes pedir a razão da esperança que há em vocês. Contudo, façam isso com mansidão e respeito (1Pedro 3.15).

Francisco de Assis, um monge mendicante medieval — um cara realmente muito legal — certa vez disse que deveríamos contar a todas as pessoas a respeito de Deus e, se fosse necessário, como último recurso, usar as palavras. Muito bonito isso, não é? Gosto mesmo da atitude do padre Francisco.

Qual deve ser minha atitude diante dos não cristãos que fazem parte da minha vida?

Sua atitude diante de todos deve ser marcada por amor, paciência, bom humor e compreensão. *Certamente* deve ser essa sua atitude diante dos não cristãos que podem, no fim das contas, estar pensando que você pode ajudá-los a determinar o que sentem em relação à fé em Jesus.

Sendo cristão recém-convertido, você pode se surpreender tendo os mesmos sentimentos que os convertidos têm com muita frequência, que estão plenos do desejo de compartilhar a fé que acabaram de encontrar (veja a pergunta anterior "Preciso evangelizar os não cristãos que fazem parte da minha vida?", na página 94). É um impulso belo e digno de honra: De novo, que tipo de pessoa *não* quer dividir com outras algo infinitamente maravilhoso que descobriu? Faz sentido se, tendo recebido recentemente a salvação, você sentir brotar um desejo de compartilhar as excelentes boas-novas.

O que acontece às vezes é que o zelo de compartilhar esse relacionamento recém-descoberto com Jesus toma a forma de um impulso de converter as pessoas. E a transição do "Fui salvo!" para "Vocês precisam ser salvos!" talvez não seja tanto um *morph*, um "assumir a forma de": com frequência, os recém-convertidos à nossa fé gloriosa aprendem com os cristãos que os cercam que levar não cristãos a assumir um compromisso com Jesus — que fazer o máximo para obedecer à Grande Comissão — é *a* própria e mais legítima marca do cristão genuíno (dê outra olhada na pergunta "O que é a Grande Comissão? O que a faz grande?", na página 92).

Por natureza, os recém-convertidos são os evangelizadores mais fervorosos de todos.

Se você tem o impulso de um evangelista — se você tem energia para sair e tentar despertar não cristãos para o fantástico e vivo milagre que descobriu, e se os cristãos que fazem parte da sua vida estão incentivando você nessa direção —, então, sem dúvida, compre o maior berrante que conseguir encontrar. Longe de nós abafar qualquer coisa que você esteja ouvindo do Espírito Santo.

No entanto, permita que apresentemos este truísmo: quando estiver falando a um não cristão sobre seu relacionamento com Jesus, você nunca erra quando fala — ou, pelo menos, quando se certifica de incluir esse assunto na conversa — sobre o significado *pessoal* que esse relacionamento tem para você.

As pessoas costumam aceitar bem as palavras "É por isso que o cristianismo funciona para *mim*". O que as pessoas geralmente não aceitam bem — não de supetão, um golpe vindo do nada, e definitivamente não se não tiverem intimidade com você — são as palavras "É por isso que o cristianismo vai funcionar para *você*".

Conte-me como você mudou e como essa mudança contribuiu para sua vida, e você tem a garantia de gerar interesse.

Diga-me como *eu* devo mudar e qual será a contribuição dessa mudança para a *minha* vida, e posso garantir que a pessoa vai arranjar alguém com quem conversar.

O resumo da ópera é: quando se trata de lidar com não cristãos de maneira geral — e de maneira *particular* quando se trata de tentar convertê-los —, sempre tome o cuidado de atentar para a voz interior do Espírito. O Deus que está em seu interior dirá como você deve interagir.

Se existe uma coisa neste mundo com a qual você pode contar é que Jesus, o Príncipe da Paz, de fato sabe de uma ou duas coisas a respeito da paz. E até onde isso é possível, paz *é* aquilo que você quer ter com todas as outras pessoas que fazem parte da sua vida. Pois, como já vimos, Cristo deu ordens explícitas para que todos os seus seguidores amem o próximo como amam a si mesmos (veja a pergunta "Qual é o Grande Mandamento? O que o faz ser grande?", na página 85). E não é possível ter um relacionamento amoroso com uma pessoa de quem você se afastou. Em outras palavras, não é possível ter um relacionamento amoroso com uma pessoa com quem você não tem nenhum relacionamento.

Assim, se você se sentir impelido a evangelizar, considere a sugestão de equilibrar esse impulso com sua capacidade inata de ser diplomático e respeitoso. Faça no seu tempo. Encontre o equilíbrio que funciona melhor entre você e as pessoas que mais tocam seu coração.

Ouça o Príncipe da Paz quando ele mostrar qual é o ponto de equilíbrio.

> [Deus] nos confiou a mensagem da reconciliação [...].
> Somos embaixadores de Cristo, como se Deus estivesse fazendo o seu apelo por nosso intermédio (2Coríntios 5.19,20).

Para ser bem franco, talvez também seja uma boa ideia você se certificar de que está bem firmado na fé antes de se tornar um *expert* tentando transmitir essa fé a outras pessoas. Separar sua vida nova da antiga está na ordem do dia.

Uma vez que sou salvo, o rompimento entre minha vida antiga e a nova deve ser definitivo?

Evidentemente, isso depende da qualidade de sua vida anterior. Se você era um assaltante de banco viciado em *crack*, então está claro que tornar-se cristão significa uma mudança radical no estilo de vida. Se você já frequentava a igreja com seu melhor amigo por um ano, esse rompimento seria algo diferente.

O importante é ouvir o Espírito Santo, que interiormente vai direcionar você para as coisas que incentivam o aprofundamento de seu relacionamento com Deus e para longe das coisas que atrapalham esse relacionamento. Deixe o Espírito guiar você, e seus passos sempre serão firmes.

Entretanto, é bom você perceber a tendência que alguns recém-convertidos têm de separar de maneira excessivamente dramática seus amigos "novos" dos antigos. Às vezes, quando as pessoas se convertem, elas ficam tão entusiasmadas com sua novidade de vida que se apressam em cortar tudo e todos que parecem, de certo modo, "impuros" — qualquer um que não se encaixe na compreensão imediata da nova pessoa em que se tornaram. E, nessa pressa, às vezes acabam jogando o bebê junto com a água do banho.

Por exemplo, antes de tornar-se cristão, John tinha um amigo chamado Norm. Embora não fosse cristão, às vezes Norm ia à igreja com um amigo cristão e, em geral, gostava de participar de uma série de atividades na igreja: churrascos, jogos noturnos etc.

Certa vez, Norm foi a um retiro de quatro dias com um punhado de pessoas da igreja de seu amigo. Quando ele voltou, era tão cristão quanto é possível ser! Ele tinha sido salvo! Ele encontrou o Senhor!

Aleluia! A alegria de John por causa de Norm foi genuína. Ele conseguia enxergar o tamanho da felicidade que ser salvo trouxe a Norm. Ele sabia que era em torno desse lugar que Norm tinha sonhado durante algum tempo. Ele ficou satisfeito com esse feliz ponto alto da busca espiritual de seu amigo.

Exceto por... adivinhe? Norm não queria mais ter amizade com John. Ele voltou, declarou sua fé e perguntou se John queria ser salvo. Quando John objetou, Norm sumariamente o tirou de sua vida.

Esse tipo de coisa é compreensível. Uma das coisas que Norm aprendeu no acampamento em que foi salvo — e uma coisa que sempre se ensina aos convertidos — é que parte de ser um novo cristão é purificar instantaneamente sua vida de tudo e todos os que, de maneira direta ou indireta, não fortaleçam seu relacionamento com Cristo.

Então, Norm se livrou de todos os seus discos "satânicos" de *rock*, jogou fora seus livros não cristãos, arrancou das paredes todas as fotos "mundanas" — e parou de atender as ligações de John e ligar de volta para ele.

Isso feriu os sentimentos de John. Afinal, ele e Norm eram bons amigos. Na verdade, John queria saber mais a respeito da mudança que tinha acontecido com Norm, mas a recusa de Norm em travar relações socais significava que ele não poderia aprender sobre essa mudança em primeira mão.

Não foi legal. Mas essa história mais tarde teve capítulos felizes: Norm e John retomaram a amizade, Norm se desculpou, e John conseguiu um argumento para chantagear Norm e fazê-lo pagar um almoço. Todo mundo ficou satisfeito.

Embora faça um esforço para se livrar de tudo o que prejudica seu relacionamento crescente com Cristo, você também deve evitar fazer o que Norm fez, que é passar pela experiência de mais tarde ter de pagar o almoço de alguém sempre que este optar por colocar esta carta na mesa.

Porque essa carta sempre *será* colocada na mesa.

E alguém *sempre* vai pedir uma porção extra de fritas.

Acredite nisso.

A questão é: o novo convertido deve julgar com cuidado quais coisas e pessoas se encaixam e quais não se encaixam em sua nova vida. Peça que Deus o oriente em cada uma dessas decisões. Ele vai orientar você. Se você ouvi-lo, ele dirá *exatamente* como amoldar sua nova vida a ele.

> Não se amoldem ao padrão deste mundo, mas transformem-se pela renovação da sua mente, para que sejam capazes de experimentar e comprovar a boa, agradável e perfeita vontade de Deus (Romanos 12.2).

Lembre-se: a transformação surge da renovação da mente com a verdade que você pode ter ignorado durante muito tempo. A transformação não surge quando espantamos todas as pessoas que se importam conosco só porque elas conheceram você a.c. (veja a pergunta "A expressão 'nascido de novo' se refere a quê?", na página 38). Recuse-se a ficar com aqueles que são influência muito negativa, mas seja gentil com essas pessoas. E, caso você seja casado com alguém assim, bem, aí é outra história.

E se meu cônjuge ou membro da família não for cristão?

Muitos cristãos, se não a maioria, têm pelo menos um membro da família que não compartilha da mesma fé. Vamos lembrar que existem essencialmente três componentes envolvidos em qualquer relacionamento que você tenha: você, a outra pessoa, e o relacionamento singular que existe entre você e essa pessoa. Está tudo aí, bem aí: é o pacote relacionamento. Lide adequadamente com cada um dos três aspectos de cada relacionamento que você tem, e cada um desses relacionamentos trará bons resultados.

Então, esta é a pergunta: Qual atitude — qual princípio diretivo, que verdade emocional constantemente motivadora — você deve adotar diante de cada uma dessas três dimensões no seu relacionamento com um não cristão e, especialmente, com um membro da família?

No tocante a você, seja humilde.

Diante da outra pessoa, seja amoroso.

Diante do relacionamento entre vocês, seja paciente.

Humildade, amor e paciência. Não existe montanha que essas três coisas não possam mover.

Vamos examinar rapidamente cada uma delas.

Humildade

É preciso manter na parte mais ativa da consciência essa qualidade sempre que estiver lidando com um não cristão que seja próximo a você. Deixar de fazer isso provavelmente fará sua conduta ficar gritante: você começará a pregar (embora muito sutilmente), dar lições, dizer às pessoas o que, como e quem elas devem ser. Não é o tipo de óleo que faz as engrenagens de um relacionamento rodarem macias.

Todos nós sabemos que é preciso ter humildade diante de Deus. Não nos esqueçamos de ser humildes diante das pessoas que fazem parte da nossa vida — afinal, cada uma delas é uma ilustração da mais grandiosa criação de Deus, e criada à sua imagem. Lembre-se: você não *merece* ser salvo. Ser escolhido por Deus não é motivo de orgulho. É motivo de gratidão.

Amor

Assim como Deus nos ama, devemos amar os outros. Evidentemente, isso pode ser difícil — basta ver a que custo Cristo nos amou incondicional e absolutamente. Se nosso Senhor pôde suportar isso, podemos suportar quaisquer sofrimentos psicológicos ou emocionais decorrentes de amar alguém — e especialmente de amar um não cristão, por quem certamente Deus tem um interesse aguçado.

Deus conta conosco para amarmos as pessoas, para sermos seus agentes amorosos neste mundo. Simplesmente *ame* o não cristão que está na sua vida. Cristo fará sua parte desse ponto em diante.

Paciência

Este é o mundo de Deus, não o nosso. *Nós* prestamos atenção no tempo. Temos relógios de pulso, calendários, relógios de parede e outras coisas. Deus está assentado no coração da eternidade. Pode apostar que Deus não usa relógio de pulso. Quando se trata do relacionamento entre você e um não cristão — e particularmente com um não cristão do qual você não é necessariamente íntimo —, seja paciente. Espere. *Nunca deixe de esperar.* Não faça cronogramas. Deixe que a vontade de Deus, no tempo de Deus, dê forma ao relacionamento.

Quando você está envolvido com um não cristão, está envolvido em uma das dinâmicas mais importantes e preciosas dadas a um cristão. Não tente dar a esse relacionamento o direcionamento que *você* acha ser o melhor. Deixe Deus ficar ao volante. Tudo o que você tem a fazer com seu amigo não cristão é assumir uma posição secundária. Assim, lado a lado, relaxando e olhando pela janela, você consegue desfrutar do passeio.

O fruto do Espírito é amor, alegria, paz, paciência, amabilidade, bondade, fidelidade, mansidão e domínio próprio. Contra estas coisas não há lei (Gálatas 5.22,23).

Ser Cristão

Vivam entre os pagãos de maneira exemplar para que, mesmo que eles os acusem de praticarem o mal, observem as boas obras que vocês praticam e glorifiquem a Deus no dia da sua intervenção (1Pedro 2.12).

Evidentemente, algumas vezes as pessoas não ficam felizes quando você é você, ao mesmo tempo que são quem são. Às vezes, as pessoas direcionam hostilidades — e outras coisas mais — porque você é cristão.

Como reajo diante de pessoas que atacam minha fé recém-adquirida em Cristo?

Depende. Se alguém for virulento por causa do cristianismo que você abraçou, a melhor coisa a fazer é educadamente se afastar. Não costuma ser útil nem produtivo tentar travar discussões sérias e racionais com pessoas assim. Como escreveu George Bernard Shaw, o inimitável dramaturgo inglês: "Nunca lute com um porco. Você se suja e, além do mais, o porco gosta da sujeira".

Não que a pessoa que denigre Jesus seja um porco. Ainda assim, que tipo de pessoa faz questão de caluniar a fé de outra? Bem, isso *é* uma indecência.

Não é interessante notar como algumas pessoas parecem se fixar — para não dizer obcecar — na ideia de que o cristianismo é algo contra o que precisam reagir de maneira pessoal, ardorosa e costumeiramente bem em alto e bom som? Não é difícil imaginar que a vontade dessas pessoas é começar uma conversa honesta e receptiva sobre a fé. Por que cutucar a onça com uma vara se você, na verdade, não tem nenhum interesse na onça? Então, até onde achar praticável, permaneça aberto para a possibilidade de a pessoa que aparentemente odeia o cristianismo estar reagindo contra um emaranhado de forças — que podem ser subconscientes — que a empurra na direção do próprio objeto que despreza.

Resumo da ópera: se quem está atacando sua fé for alguém que você não conhece, saia de fininho, mas saia, sem olhar para trás. Se for um conhecido, basicamente você ficará preso por um tempo — um colega de trabalho ou da escola, pessoas assim; então, seja paciente, educado. Se a pessoa ficar muito agressiva, peça que pare de falar dessa maneira e que, por favor, respeite sua fé, assim como você respeita a dela — faça questão de pedir que fale sobre as coisas em que ela acredita! Comece um diálogo! Sempre, nos dois casos, permaneça aberto para a possibilidade, embora pareça bem pequena, que em algum nível o que a pessoa quer mesmo é *falar* a respeito de Jesus.

Talvez um princípio das artes marciais ajude. Em vez de ficar batendo cabeças, use o impulso de quem ataca e curta o envolvimento. Transforme isso em uma habilidade treinada, desenvolvida. A verdade é que sempre haverá pessoas que serão maldosas com você ou farão coisas maldosas contra você. E, assim que isso acontecer, sua nova responsabilidade é superar a situação em vez de viver debaixo dela.

Ser cristão significa que preciso perdoar todos pelas coisas ruins que fizeram a mim?

Existem dois modos de consciência possíveis para os cristãos: a consciência de Cristo e a consciência do *eu*, ou seja, uma consciência cotidiana, normal, humana e voltada para si mesma. Quando estamos cheios com a consciência de Cristo — quando estamos plenamente ao lado de Deus, plenamente receptivos a Cristo, plenamente impregnados com o poder do Espírito —, não conseguimos fazer outra coisa que não seja perdoar todos por tudo. Estar cheio da consciência de Cristo é estar cheio de amor. O amor puro perdoa com a mesma facilidade que a rosa exala seu perfume. Evidentemente, é o próprio Cristo que serve de modelo para essa causa e efeito, o qual, de maneira inesquecível, declarou perdão para seus algozes mesmo enquanto se divertiam tripudiando sobre seu sofrimento ("Pai, perdoa-lhes, pois não sabem o que estão fazendo" [Lucas 23.44]). *Isso* mostra o poder do perdão cristão.

É importante aprendermos a perdoar dessa maneira, pois é importante que, tão frequentemente quanto possível, peçamos ao Senhor que nos encha com seu Espírito Santo.

Os cristãos, porém, na maioria, não costumam transbordar do Espírito a ponto de ser surrados e roubados e ainda nadar em pensamentos sobre quanto amamos e perdoamos o criminoso enquanto ele se ocupa em quebrar nossa cabeça com um porrete. Nós simplesmente não temos instrumental para alcançar esse nível de perdão. De fato, a maioria não consegue perdoar instantaneamente alguém que tem 11 itens no carrinho, mas no supermercado insiste em ficar na fila do caixa de até dez itens!

Temos nosso modo espiritual de consciência, tomado por Cristo, e temos nosso modo material de consciência, tomado pela autoidentificação.

O Espírito de Deus e a nossa mente. É o contínuo mesclar, experimentar e justapor dos dois que descreve e define a vida interna de todos os cristãos.

Se com a mente *humana* tentarmos perdoar uma ofensa cruel, é quase certo que fracassaremos. O ressentimento, mesmo que enterrado numa cova funda, certamente permanecerá ali. E, mesmo que tentemos perdoar uma ofensa dessas colocando-a ao alcance de nossa consciência de Cristo, invariavelmente nos surpreendemos sentindo dor por causa dela assim que reassumirmos o modo de consciência que nos deixa propensos às questões práticas do cotidiano.

Por vivermos como humanos, (também) precisamos perdoar como humanos.

Isso significa que precisamos não somente perdoar no sentido absoluto, espiritual e centrado em Jesus que nosso coração consegue entender, mas também precisamos perdoar no sentido relativo, material e centrado no humano que nossa mente consegue entender.

Vejamos um exemplo da vida real. Quando John tinha 8 anos de idade, seus pais se divorciaram, e seu pai saiu de casa. Dois anos depois, quando John tinha 10 anos, de repente sua mãe desapareceu, deixando para trás ele e sua irmã. Ela disse que sairia por uns minutos para pegar algumas coisas no mercado que ficava no fim da rua. Ela entrou no carro, foi embora e *ficou* longe deles durante dois anos.

Nem mesmo uma única vez durante esses dois anos a mãe de John entrou em contato com ele ou com sua irmã. Eles não sabiam se ela tinha sido sequestrada, morta, "abduzida por alienígenas" ou outra coisa tinha acontecido — no fim, ela queria um tempo de isolamento para se ajustar ao fato de que, como descreveu ao voltar, "Deus nunca teve a intenção de que eu fosse mãe".

Bem, para John o assunto não era simplesmente perdoar sua mãe pela ausência de dois anos, no sentido espiritual absoluto, porque os danos causados pelo abandono foram viscerais — violentos demais emocionalmente, atingindo de modo profundo a criança que ele era naquela época — para ser amenizado puramente por intermédio do mecanismo espiritual do "perdão".

Num sentido vital, o que aconteceu a John não se resume a uma questão espiritual. É também uma importante questão emocional.

Antes de John ser capaz de "perdoar" sua mãe por aquilo que ela fez quando ele tinha 10 anos de idade, ele precisava primeiro *entender* o que ela fez. Ele precisou se ajustar aos jeitos e motivações da trajetória que ela escolheu para si. Ele não podia apressar processos nem fazer jogadinhas para evitar o trabalho mental e psicológico, igualmente real e exigente — o trabalho *humano* — pelos quais precisou passar para finalmente ser capaz de perdoar espiritualmente sua mãe.

(Por falar nisso, John perdoou sua mãe espiritual e intelectualmente, com o coração *e* com a mente. Usando os olhos cristãos, ele vê sua mãe à luz do amor de Cristo e, usando os olhos humanos, a vê como alguém que, muitos anos atrás, estava se debatendo com as próprias questões. Ele sabe que todo mundo se debate com questões pessoais. Por que sua mãe seria diferente?)

Assim, a resposta para a pergunta "Ser cristão significa perdoar todos pelas coisas ruins que fizeram a mim?" é: "Sim, você precisa perdoar àqueles que transgridem contra você, *assim como Deus perdoa suas transgressões contra ele*. Mas conceder o perdão absoluto e duradouro para qualquer transgressão cometida contra você vai exigir mais do que o perdão abrangente e divinamente inspirado que brota quando alcançamos a consciência de Cristo. Além de um coração redimido, o perdão verdadeiro também requer uma mente ainda em processo de renovação. As duas coisas têm um papel definido a desempenhar no processo que culmina no perdão verdadeiro.

Para perdoar uma pessoa, às vezes é necessário apenas separar um momento para compreendê-la, para enxergar a vida da perspectiva dela. Às vezes, você pode olhar para a pessoa que não deveria estar na fila do caixa rápido e simplesmente aceitar que deve estar acontecendo algo difícil na vida dela. Talvez seja velha demais para perceber com exatidão quantos itens está comprando.

Talvez seja o caso de que bem naquela hora — ou talvez permanentemente — esteja em aperto emocional forte demais para lidar com tais detalhes. Talvez esteja com pressa porque alguém em casa está doente. Não dá para saber. Na metade das vezes, saber que você *não* compreende uma pessoa é toda a compreensão de que precisa para sentir paz e perdão em relação a ela.

Outras vezes, saber que você de fato não sabe o que fez aquela pessoa agir daquele jeito significa que você precisa arregaçar as mangas mentais, explorar sua despensa emocional e psicológica, e continuar trabalhando até conseguir juntar tudo e trazer à luz uma compreensão sobre o que aconteceu.

Sim, todos nós precisamos usar o poder de Cristo para perdoar as pessoas.

Contudo, também temos de lembrar que, assim como Cristo experimentou plenamente sua humanidade como meio de compreender a nossa, temos de experimentar nossa humanidade como meio de compreender a humanidade das pessoas.

Não há judeu nem grego, escravo nem livre, homem nem mulher; pois todos são um em Cristo Jesus (Gálatas 3.28).

Pedro aproximou-se de Jesus e perguntou: "Senhor, quantas vezes deverei perdoar a meu irmão quando ele pecar contra mim? Sete vezes?" Jesus respondeu: "Eu lhe digo: Não até sete, mas até setenta vezes sete" (Mateus 18.21,22).

Deixe-nos terminar esse assunto dizendo que a coisa mais perigosa que se pode carregar por aí é um "ressentimento justificável". Se você está "justificado" porque a pessoa que o feriu foi muito cruel, pode sentir-se tentado a viver com amargura, desintegrando a própria vida. Não, só existe uma única escolha realmente benfeita, e essa escolha é começar o processo do perdão. Então, um dia desses você pode se surpreender desejando coisas boas para essa pessoa... até mesmo orando ativamente para que essas coisas boas aconteçam.

Sou obrigado a orar por meus inimigos?

Mais uma vez, você não é *obrigado* a fazer nada — embora deva saber que, se não orar por seus inimigos, estará em flagrante desrespeito às ordens específicas de Deus e irá direto para o inferno no momento em que morrer.

Mas você já sabe: a escolha é sua.

É brincadeira! Agora falando sério: sim, se existe alguém neste mundo que deve ser objeto da sua oração, por quem você deve fazer questão de orar, esse alguém são seus inimigos. Bem, isso não gera a expectativa de que você vai começar imediatamente a orar para que coisas boas caiam sobre a pessoa que o traiu, que o feriu ou tirou de você algo valioso. É natural ficar com raiva de quem causou estragos na sua vida. Mas, quando você consegue superar essa raiva, chega ao ponto em que consegue orar por seus inimigos. Isso não os livra de encrenca com

Deus, mas traz muitos benefícios para você. Seguem algumas das razões para isso.

I) Jesus realmente deu esta ordem.

Em Mateus 5.44, Jesus diz: "Mas eu lhes digo: Amem os seus inimigos e orem por aqueles que os perseguem". E, em Lucas 6.27,28, ele diz: "Amem os seus inimigos, façam o bem aos que os odeiam, abençoem os que os amaldiçoam, orem por aqueles que os maltratam". Aí está.

2) Você deve fazer aos outros aquilo que gostaria que fizessem a você.

"Assim, em tudo, façam aos outros o que vocês querem que eles lhes façam; pois esta é a Lei e os Profetas" (Mateus 7.12). Obviamente, preferimos que alguém ore por nosso bem-estar a que ore por ..., bem, pelo tipo de coisa que costumamos desejar para nossos inimigos em nossos momentos não tão caridosos.

3) A oração intensifica a compreensão que você tem da situação entre você e seu "inimigo".

Por motivos e por meios que nós mortais nunca entenderemos, a oração faz milagres. Um desses milagres é a clareza emocional e mental por parte daquele que ora. Se existe um momento em que essa clareza é necessária, esse momento é quando estamos sofrendo o estresse relacionado a um conflito. Orar por seus inimigos — especificamente orar para que coisas boas aconteçam a eles, para que prosperem, para que (se já não forem) sejam salvos — traz essa clareza. É algo inestimável quando estamos num emaranhado por causa de conflitos com alguma pessoa.

4) A oração alivia o estresse

Esse aspecto está ligado ao anterior. Como todos sabem hoje em dia, o estresse é mesmo letal. Encher-se de raiva é uma das coisas mais estressantes que você pode fazer com seu corpo. *Realmente* quer incomodar alguém com quem arrumou encrenca? Ore pela saúde e pelo bem-estar dele. No fim, você estará mais saudável e viverá mais. É *assim* que você lhe dá uma lição!

5) Você quer ser um bom exemplo do cristianismo

Qualquer pessoa consegue mostrar uma grande personalidade quando as coisas vão bem. É quando as coisas azedam que a pessoa mostra quem realmente é. Lembre-se de que, se for um cristão, você não está no mundo simplesmente para representar você mesmo. Você também está no mundo — até mesmo primordialmente — como representante de Jesus Cristo. Não cristãos — especialmente não cristãos com quem você entrou em desacordo — perceberão cada milímetro de discrepância entre o que você professa e as coisas que faz ou diz. Orar pelos inimigos permite que o Espírito Santo se manifeste nas relações que você mantém com a pessoa pela qual está orando, e isso permite que você aja com essa pessoa para ficar marcado como alguém que ela pode ao menos respeitar. E, mais importante, você ganha a marca do orgulho que Jesus sente por estar sendo representado aqui por você. A maneira de *não* decepcionar Cristo é orando por seus inimigos.

> Suportem-se uns aos outros e perdoem as queixas que tiverem uns contra os outros. Perdoem como o Senhor lhes perdoou. Acima de tudo, porém, revistam-se do amor, que é o elo perfeito. Que a paz de Cristo seja o juiz em seu coração, visto que vocês foram chamados para viver em paz, como membros de um só corpo. E sejam agradecidos (Colossenses 3.13-15).

"E quando estiverem orando, se tiverem alguma coisa contra alguém, perdoem-no, para que também o Pai celestial lhes perdoe os seus pecados" (Marcos 11.25).

Você só tem a ganhar quando supera o ressentimento justificável e chega ao perdão, poupando-se de feridas recorrentes. E também é uma maneira muito boa de aumentar a compaixão que sente pelas pessoas.

Como posso ter mais compaixão por outras pessoas?

O melhor jeito é ouvi-las, ouvi-las de verdade. Ouça seu sofrimento, observe seu desconforto, tome ciência dos pequenos sinais que constantemente indicam que estão inseguras, temerosas, confusas e derrotadas. Deixe que seu amor, empatia e compaixão sejam despertados por esses sinais. Deixe que seu coração sinta a totalidade do sofrimento delas.

Ao contrário, uma maneira notável de desenvolver compaixão pelas pessoas é observar a força que têm, como são valorosas, corajosas, confiantes, amorosas e divertidas. Não existe uma pessoa no mundo que, passando um minuto em sua presença, não faça ou diga algo que permita a você amá-la genuinamente. O jeito de sorrir. Sua maneira educada de se dirigir a um garçom ou atendente. O jeito de manter tudo limpo e bem-arrumado — ou o jeito de deixar tudo desarrumado. As coisas comuns e corriqueiras que falam da maneira que as pessoas vivem podem gerar afetos profundos. Tudo o que você precisa fazer é observar. Observar a maneira singular e cuidados que as pessoas têm na hora de tocar a vida é uma das melhores formas de estar perto das pessoas.

As pessoas *são* amáveis, e fomos projetados para amar nossa própria espécie. Fique com isso. Abra-se para a verdade de que cada homem e cada mulher de fato são seu irmão e irmã.

Por fim, desenvolva a prática de enxergar as pessoas não usando seus olhos, mas através dos olhos do Deus que está dentro de você. Nenhum de nós — toda essa coisa de nossa humanidade — consegue deixar de enxergar, em algum nível, as pessoas em termos relativos a nós mesmos. Nós nos perguntamos: esta ou aquela pessoa tem uma aparência melhor do que a minha? Elas são mais bem-sucedidas, felizes, inteligentes e poderosas do que eu? Fazer esse tipo de avaliação relativa é um instinto humano. Faz parte daquilo que as pessoas fazem quando interagem com outras pessoas ou as observam. Bem, dê o seu melhor e *pare* de fazer isso. Ou, pelo menos, tente parar de fazer isso *às vezes*. E o único jeito de fazer isso é abrir mão e abrir espaço para Deus (veja a pergunta "Tem algo que posso dizer a mim mesmo para sempre me lembrar de como é o relacionamento verdadeiro e apropriado com Deus?", na página 47). Normalmente, enxergamos as pessoas em termos relativos. Deus as enxerga de apenas uma maneira: com amor. Com o auxílio do Espírito Santo, também podemos enxergá-las dessa maneira.

> Como povo escolhido de Deus, santo e amado, revistam-se de profunda compaixão, bondade, humildade, mansidão e paciência (Colossenses 3.12).

A maioria das pessoas está familiarizada com o *slogan* da Nike: *Just do it* [Simplesmente faça]. Gosto dele porque fomos chamados para fazer um montão de coisas das quais não gostamos, coisas que não temos vontade de fazer, mas que precisamos fazer assim mesmo. Não tente ser filosófico demais quando o assunto é compaixão. Comece a distribuí-la, mesmo quando não sentir vontade, e ela começará a tomar conta de sua vida. Ela se tornará parte de quem você é e de como age com as pessoas.

Faz parte de ser cristão sentir-se obrigado a agir com outras pessoas com mais bondade do que de fato tenho em relação a elas?

Seria ótimo se pudéssemos dizer a você que ser cristão não tem nada a ver com a sua maneira de tratar as pessoas, mas estaríamos mentindo. A resposta é sim: o cristão deve sentir-se sempre obrigado — e sempre deve se agradar disso — a tratar todas as pessoas como ele mesmo gostaria de ser tratado. E, já que as pessoas querem ser tratadas no mínimo com solicitude, amor, paciência e respeito, essa é a maneira que nós, os que afirmamos seguir Jesus, precisamos aprender para tratar as pessoas com quem entramos em contato todos os dias.

Não pense que sempre tratar bem as pessoas é só um jeito de fazer sair fumaça da cabeça. Pense no que isso é: uma disciplina espiritual extremamente importante, eminentemente prática e radicalmente desafiadora.

E, se pensar assim não o ajudar, pense na sua maneira de tratar as pessoas como o jeito mais claro, seguro e confiável que o mundo tem de definir em que nível você se encontra como cristão. Porque *qualquer pessoa* pode reclamar, acusar, criticar, se ofender e, de maneira genérica, entregar-se a todas as formas de indignação hipócrita. Existe alguma coisa mais fácil neste mundo — ou, infelizmente, mais natural — do que se comportar dessa maneira? O mundo está entupido de pessoas raivosas e infantis que *sabem* estar certas a respeito de tudo o mais no Universo, mesmo — e especialmente — quando estão evidentemente erradas. Não há premiação para quem pertence a esse clube de entrada franca.

No entanto, e quanto ao homem que, pela força de caráter e profundidade de amor, consistentemente transforma espada em arado? Bem, *esse* homem agrada a Deus, sem mencionar que agrada as pessoas. Ser consistentemente justo, de espírito positivo e respeitoso na sua conduta com as pessoas está ligado a ser cristão do mesmo jeito que o pão e o vinho estão vinculados na ceia do Senhor. Não é uma questão qualquer. Podemos orar, ser piedosos, ler a Bíblia todos os dias, desfalecer com frequência quando sentimos o Espírito tomar conta do nosso interior, mas o que no fim será julgado — o que sempre permanece como a medida completa de nosso relacionamento com Deus — é como tratamos as pessoas.

Aceitem-se uns aos outros, da mesma forma que Cristo os aceitou, a fim de que vocês glorifiquem a Deus (Romanos 15.7).

Se tratarem os outros com parcialidade, estarão cometendo pecado e serão condenados pela Lei como transgressores (Tiago 2.9).

Então ele [Jesus] dirá aos que estiverem à sua esquerda: "Malditos, apartem-se de mim para o fogo eterno, preparado para o Diabo e seus anjos. Pois eu tive fome, e vocês não me deram de comer; tive sede, e nada me deram para beber; fui estrangeiro, e vocês não me acolheram; necessitei de roupas, e vocês não me vestiram; estava enfermo e preso, e vocês não me visitaram".

Eles também responderão: "Senhor, quando te vimos com fome ou com sede ou estrangeiro ou necessitado de roupas ou enfermo ou preso, e não te ajudamos?"

Ele responderá: "Digo-lhes a verdade: O que vocês deixaram de fazer a alguns destes mais pequeninos, também a mim deixaram de fazê-lo".

"E estes irão para o castigo eterno, mas os justos para a vida eterna" (Mateus 25.41-46).

Essa passagem de Mateus é normalmente usada para lançar luz sobre o imperativo cristão de servir aos necessitados. No entanto, nós a estamos usando como um lembrete de que, com bastante frequência, em vez de nos sentirmos irritados ou impacientes com pessoas difíceis, é útil considerar que elas estão *sofrendo*. Pois elas estão sofrendo. Afinal, é quando as pessoas sofrem — quando estão num momento psicológico ruim, sentindo-se ameaçadas e confusas, não estão pensando direito por qualquer motivo —, que agem de maneira egoísta, arrogante, raivosa ou grosseira. As pessoas enlouquecem quando sentem medo, ficam irritadas ou perdidas. E não é de admirar: é bem ruim ficar nessa situação.

É muito fácil dar comida a uma pessoa faminta. Mas também seria bom entendermos que Cristo espera que demos alimento espiritual — em outras palavras, que tratemos as pessoas como gostaríamos de ser tratados, que as tratemos como pessoas que evidentemente estão sofrendo psicologicamente tanto quanto outros podem estar sofrendo materialmente. Necessidade é necessidade. Nossa tarefa é invocar o Espírito Santo para que ele nos ajude a servir qualquer pessoa, com qualquer tipo de necessidade. Mesmo quando não estivermos com vontade.

Como se aprende a agir com outras pessoas usando de mais bondade do que de fato tenho?

Prática. Saia no mundo. Misture-se. Não evite assuntos potencialmente difíceis de lidar por perceber ou saber que agir assim pode gerar um conflito. Com um coração cheio do Espírito, e uma mente sintonizada com a vontade de Deus, vá em frente, avance com determinação. Veja se consegue transformar em prazer o que poderia ter acabado em dor.

E, principalmente, ore. Separe tempo para Deus. Certifique-se de que é ele, por meio de você, que está lidando com os eremitas antissociais na sua vida. Pois é uma verdade absoluta que você, com as próprias forças, fracassará na busca pela paciência, pelo aconchego e pelo perdão imediato para aqueles que, às vezes, parecem ter o único propósito de nos mandar para a cadeia por estrangulá-los.

Lidar com pessoas problemáticas de maneira saudável e positiva — tornando-se, num sentido bem real, sobre--humano — tem tudo a ver com invocar o Espírito de Deus.

E queremos dizer novamente: ore. Se você conhece alguém que parece sempre chutar uma colmeia de abelhas a cada esquina, ore por essa pessoa. Ore em favor dessa pessoa (veja a pergunta "Sou obrigado a orar por meus inimigos?", na página 113).

Por fim, considere a real possibilidade de Deus o ter colocado perto dessa pessoa especificamente para ver como você lidaria com ela. Procure pensar nessa pessoa não como alguém que gostaria de jogar numa ilha deserta, mas, em vez disso, num *teste* ao vivo, em 3D, aplicado por Jesus Cristo, o mestre por definição.

> Mas o fruto do Espírito é amor, alegria, paz, paciência, amabilidade, bondade, fidelidade, mansidão e domínio próprio (Gálatas 5.22,23).

Bem, é muito difícil colher uma pera de um cacto. Não estou dizendo que é impossível, ou que nunca vai acontecer, mas neste momento representa um desafio bem grande. Usando a mesma lógica, se você for uma pessoa tipo cacto, será um desafio colher o fruto da amabilidade de você. Assim, a melhor maneira de trabalhar a amabilidade é trabalhar em sua alma e em seu caráter, é encher-se cada vez mais com o Espírito Santo. Então, cada vez mais, você frutificará e compartilhará o doce fruto da amabilidade.

Existe esse negócio de ser bondoso demais?

Esse negócio de ser bondoso demais não existe, mas existe esse negócio de suportar por tempo demasiado uma pessoa cujo comportamento precisa ser interrompido totalmente ou, no mínimo, ser interrompido na *sua* vida.

É possível ser bondoso demais? Não. É possível ser um otário? Sim. As duas coisas não têm muita ligação. Ninguém jamais é "amável" se, independentemente do que acontecer, continuar permitindo que alguém cause estragos na própria vida ou na vida de outra pessoa. É uma triste verdade que neste mundo claramente existem pessoas que, por algum motivo, estão determinadas a se comportar de maneira prejudicial ao bem-estar psicológico ou físico daqueles que estão ao redor.

Tratar uma pessoa como alguém que precisa prestar contas de suas ações — insistir em que arque com as consequências de seu comportamento — não é perder a amabilidade. Na verdade, é tratá-la com respeito. Se alguém o está destratando e você deixa essa pessoa continuar a agir dessa forma, o que você está comunicando com clareza é: "Belo trabalho. Você *deve* agir de maneira detestável comigo e com todas as pessoas ao seu redor. Porque ninguém aqui, especialmente você, tem nada de honra, dignidade ou respeito próprio. Claro que não! Somos todos animais! Graças a Deus que você está sempre nos lembrando desse fato!".

Vê? Não é uma boa mensagem a ser enviada para ninguém. Nada de bom pode advir disso.

Digamos, no entanto, que você deu o seu melhor e que empregou toda a fé e a graça que tem para levar a pessoa difícil à compreensão de que, para o bem dela e das pessoas ao seu redor, ela precisa mudar. E digamos que ela não mude, que continue abusando de sua boa vontade e do seu empenho.

Chega uma hora em que a única maneira de continuar fazendo o bem para essa pessoa é dizer — fique à vontade para usar exatamente estas palavras —: "Desisto. Não consigo mudar aquilo que o faz agir dessa maneira. O que *posso* fazer é impedir que você faça isso comigo. É o que estou fazendo agora. A porta que está bem ali leva para o restante do mundo. Quero que você passe por ela, feche-a bem depois de passar e veja se consegue encontrar algum lugar onde seu jeito de agir funciona para você. Definitivamente, ele não funciona para mim. É de cortar o coração largar você, mas é a escolha que preciso fazer. Eu e você teremos de viver com isso".

Bem, algo *assim* pode de fato endireitar uma pessoa. De um jeito ou de outro, é certo que vai fazer algum bem para a pessoa que diz isso.

Deus quer que amemos as pessoas, é claro. Mas ele sabe aquilo que, no fundo do seu coração, você também sabe: ou seja, ele sabe que não é possível amar uma pessoa o suficiente enquanto você não se amar o suficiente. E, às vezes, amar a si mesmo o suficiente significa não mais permitir que outra pessoa trate você como se fosse menos do que um verdadeiro filho do único Deus verdadeiro.

<blockquote>
Ele responderá: "Não os conheço, nem sei de onde são vocês. Afastem-se de mim, todos vocês, que praticam o mal (Lucas 13.27).
</blockquote>

De volta para à pergunta original: é possível ser amável demais? Se sua amabilidade é tão "amável" que permite a continuidade do mal, então sim, é amabilidade demais. Mas, quando capacitamos uma pessoa a fazer algo que fere a ela, nós e outras pessoas, isso de amabilidade não tem nada. Botar panos quentes parece admirável, mas, no contexto, é tudo, menos admirável. Deus não honra aqueles que fogem do confronto em nome da amabilidade somente para manter a paz. Deus honra aqueles que fazem gestos ousados para fazer a paz. E para ser um *pacificador*, em vez de ser um *mantenedor da paz*, é preciso fazer algumas coisas que, na superfície, talvez não pareçam amáveis, mas que podem, de fato, ser o melhor remédio para uma pessoa prejudicial ou um relacionamento estragado.

O que faço se estiver em um relacionamento ruim?

Depende da natureza do relacionamento e de quão ruim ele esteja. Se você está sofrendo abuso emocional ou físico, é bem provável que precisará sair desse relacionamento. Se, em contrapartida, você é casado, e seu problema é que às vezes seu cônjuge faz coisas que o incomodam, talvez precise ser mais realista quanto às coisas que são necessárias para fazer um casamento funcionar. Tudo é ralativo.

O melhor conselho para um cristão, ou para qualquer pessoa, é o mesmo: ser honesto em relação ao relacionamento e comunicar-se honestamente a respeito dele. Seja direto e fale às claras sobre como você se sente nesse relacionamento, quanto ele o está afetando psicologicamente, por que acha que está sentindo e experimentando essas coisas. Com atenção e transparência, comunique tudo isso à outra pessoa, cuidando para ser escrupulosamente honesto sobre cada detalhe.

A honestidade é mesmo a melhor política.

O desafio apresentado pela clareza e honestidade diante da pessoa com quem tem um relacionamento ruim — especialmente se esse relacionamento já dura muito tempo ou já criou muita intimidade — é que torna necessário ter *clareza* sobre qualquer aspecto relacional que esteja gerando dificuldades para você. É tão possível se comunicar em termos diretos e honestos sobre algo que não está claro quanto é possível dar uma boa descrição de um carro que você só viu de relance zunindo pela escuridão.

Em geral, a honestidade depende da clareza, e a clareza mental e emocional não se misturam muito bem com o tipo de perturbação psicológica e espiritual que os relacionamentos ruins tendem a produzir.

Ah, é claro, em um relacionamento difícil você pode — e, Deus sabe, você deve — ser honesto diante do fato de que, por vezes, você se sente confuso e atrapalhado. Em quase todos os relacionamentos, você ocasionalmente terá essa sensação. Para algumas pessoas, isso parece fazer parte do apelo de permanecer num relacionamento ruim. Mas convenhamos: durante uma época de conflitos, a ambiguidade só pode levar você até esse ponto. É inevitável que, cedo ou tarde, uma pessoa num relacionamento ruim que não decide como quer resolver as coisas verá que alguém tomará essa decisão no lugar dela. E você *não* quer que outra pessoa controle aquilo que acontece com você. É melhor dirigir o ônibus do que ser atropelado por um.

No fim, relacionamentos são como água de beber: quanto mais transparente, melhor.

E, na hora de ter clareza quanto a quem você é e o que deseja, o fato de ser cristão vem bem a calhar. Porque um fato de total confiança, completamente miraculoso, é que orar a Jesus pedindo clareza de fato traz clareza.

É simplesmente inacreditável.

Contudo, como muito das coisas inacreditáveis que Deus faz a cada segundo de todos os dias, também isso é tão verdadeiro quanto verdadeiro pode ser.

Assim — e se parecer que essa é nossa resposta para um número muito grande de coisas, é somente porque *é* a resposta para quase todas as coisas —, ore.

Se estiver num relacionamento ruim, leve-o diante de Jesus e peça que ele ponha no seu coração e em sua mente o que você deve fazer. Não fique tentando adivinhar a resposta de Deus para seu apelo. Não refute a resposta. Não desista dele se a resposta não vier segundos depois de pedir um plano de resolução com dez passos para você começar a implantar imediatamente. Apenas permaneça fiel e continue orando.

Confie que, quando pede a ajuda de Deus, não muito depois você *obtém* essa ajuda. Você saberá o que fazer. Você saberá o que dizer. Você saberá como se comportar. E então, evidentemente, terá de realmente fazer as coisas que Deus mostrou a você. Esse é o outro aspecto complicado de ser cristão. Costuma-se ouvir: "Todo o que pede, recebe" (Lucas 11.10). O que não se ouve com frequência é: "Não peça, caso não queira receber". Uma coisa é saber o que devemos fazer. *Fazer* aquilo que já sabemos ser nosso dever é normalmente outro tipo de encrenca escorregadia.

Ore, e você saberá.

Saiba, e depois assuma a responsabilidade por saber.

Nem sempre é fácil, isso é certo. Mas desde quando fazer o certo é sempre fácil?

O que os cristãos num relacionamento ruim precisam reconhecer não é em nada diferente daquilo que todos os cristãos precisam reconhecer: eles pertencem a Deus. Isso significa que são preciosos aos olhos de Deus. E isso significa que os cristãos prestam a si mesmos um desserviço quando não se amam e não cuidam uns dos outros.

Assim, mantenham-se firmes, cingindo-se com o cinto da verdade, vestindo a couraça da justiça e tendo os pés calçados com a prontidão do evangelho da paz. Além disso, usem o escudo da fé, com o qual vocês poderão apagar todas as setas inflamadas do Maligno. Usem o capacete da salvação e a espada do Espírito, que é a palavra de Deus. Orem no Espírito em todas as ocasiões, com toda oração e súplica (Efésios 6.14-18).

Já teve um cachorro agressivo? Eu já. Por isso, levei-o a um adestrador. Puxa, aquele cachorro ficou um doce. Agradeci ao adestrador, e ele me disse uma coisa chocante: ele não tinha adestrado o cachorro. Ele me disse que *eu* tinha treinado o cachorro para ser agressivo. E o cachorro estava sob controle *agora* porque o adestrador tinha *me* adestrado. Por isso, quem estiver num relacionamento ruim tem de fazer o que eu fiz com o cachorro agressivo. Temos de olhar para nós mesmos e ver quanto permitimos ou apoiamos a outra pessoa a fazer ou dizer coisas ruins a nosso respeito. Talvez não consigamos mudar a outra pessoa, mas podemos nos mudar. Às vezes, isso se torna uma grande motivação para a outra pessoa mudar também. De um jeito ou de outro, é crucial trabalharmos em nós mesmos em vez de nos concentrarmos nas imperfeições dos outros. Porque, goste ou não disso, todos cometeremos erros crassos em qualquer relacionamento.

Qual é a melhor maneira de compreender os líderes cristãos "caídos"? Como lidar com isso?

Bem, se você teve a sorte de conhecer um líder caído que tinha proeminência nacional, a melhor coisa a fazer é inflacionar, retocar, ostentar e depois vender quaisquer informações que tiver para a mídia que der a você mais dinheiro.

E não se esqueça de alguns dos maiores e mais populares *sites* de escândalos da *web*, especialmente se você tem uma fotografia mostrando a pessoa, cuja vida está ajudando a arruinar, em algum momento comprometedor, ou mesmo fazendo alguma expressão estúpida. Hoje, alguns destes *sites* oferecem quantias que antes era preciso chegar a grandes emissoras ou jornais para conseguir.

Suspiro.

É exatamente isso que muitas pessoas fazem, não é? E solte um suspiro duplo pelos líderes cristãos que caíram. Isso não vai ter fim?

Não, a resposta é não. Isso não vai ter fim. Por que deveria haver fim? Líderes cristãos são gente. Eles deixarão de cair quando *todos* deixarmos de cair. Nenhum de nós deveria ser soprado para longe quando um líder "fracassa". Se é que deveríamos ficar surpresos, nossa surpresa deveria ser de que isso não acontece com mais frequência.

Pense nisto: o líder cristão é uma pessoa que, em larga medida, é moral *por causa de seu sustento*. Ser moralmente reto é um aspecto preponderante daquilo que eles *recebem sustento* para fazer.

Paulo, em 1Timóteo 6.10, nos diz que o amor ao dinheiro é a raiz de todos os males. Os líderes cristãos de peso arrecadam um montão de dinheiro para repreender publicamente o que é errado.

Você consegue se imaginar recebendo montanhas de dinheiro para proclamar que seus valores verdadeiros não têm nada a ver com dinheiro?

Isso, sim, é um plano de negócios frágil. É de admirar que tão poucos dos nossos líderes de maior sucesso fracassem.

Ser Cristão

Além disso, é importante lembrar que tornar-se um cristão de peso próximo da mídia exige uma enormidade de qualidades que, em si mesmas, não têm nenhuma relação com ser um homem honrado ou uma mulher íntegra. O figurão precisa falar em público com muita desenvoltura, ter uma memória espantosa, possuir uma ambição considerável e adorar ser alvo das câmeras. Esses dons raros e maravilhosos servem de indicadores de caráter tanto quanto "fofinho e peludinho" serve de indicador para a decisão de um animal arrancar ou não sua mão. As duas coisas simplesmente não têm nenhuma relação.

No entanto, elas parecem estar relacionadas, disso não há dúvida — é por isso que todos os anos os visitantes de parques nacionais aprendem uma terrível lição sobre a diferença entre Pooh e um urso cinzento selvagem. As pessoas têm a propensão de atribuir todo tipo de características maravilhosas e nobres a pregadores que prendem a atenção, que têm boa aparência, que são engraçados e calorosos, confiantes e cultos, que seguram na palma da mão uma audiência na casa de 10 mil espectadores. É muito fácil esquecer que uma pessoa transportando encantadoramente seu público tem pouco a ver com caráter e bastante com o *showbiz*.

Não que esses líderes não tenham incontáveis coisas valiosas para nos dizer. É claro que possuem. Se não tivessem, não teriam chegado a ponto de tantas pessoas ficarem tão sentidas com sua queda. Ninguém questiona que eles representam um patrimônio de todos nós.

Além disso, o bem que uma pessoa pratica não se apaga quando ela tropeça. Se um homem que tirou milhões do bolso para ajudar os pobres mais tarde roubar uma loja de bebidas, o bem que ele fez aos pobres não perde o valor. É claro que não. As coisas boas que fazemos permanecem para sempre. Os pecados de um homem não eliminam o bem que ele praticou tanto quanto o fruto que cai da árvore elimina a árvore.

Todo pregador que já abriu sua Bíblia quer, assim como o restante das pessoas, ser amado por aquilo que verdadeiramente é, não por aquilo que faz, diz, pensa ou escreve. Não por sua aparência na televisão. Não pelo tamanho de sua igreja. Não pelos diversos livros que já publicou. Não por aquilo que representam. Nem mesmo por causa da importância que têm para uma causa que é maior do que eles. Eles querem ser amados por aquilo que são.

Nossos santos profissionais às vezes tombam das torres pelo mesmo motivo que nós às vezes "pisamos na bola" diante das pessoas que mais amamos no mundo, das quais mais queremos o amor.

Eles também fazem isso porque anseiam pela confirmação de que, mesmo em sua situação mais deprimente, ainda são dignos de amor.

Qual deve ser sua atitude diante de um líder caído? A mesma que tem diante de uma pessoa que se estragou, que caiu, ou que causou a própria vergonha pública. Você deve se compadecer dele. Deve torcer para que as coisas melhorem para ele. Deve orar para que, nos momentos sombrios, ele se lembre que já tem o que mais deseja, que é o amor absoluto daquele de quem todo o amor brota.

E, quando um desses líderes arruma encrenca, *todos* deveríamos parar por um momento para refletir: nós contribuímos para a pressão que os líderes invariavelmente sentem para serem sobre-humanos? Fazemos questão de que, por exemplo, o pastor da nossa igreja esteja completamente acima da tentação? Esperamos que ele nunca perca a paciência, nunca se comporte de maneira egoísta, que nunca tenha uma atitude crítica? Pois, se é isso que fazemos, então estamos contribuindo para uma dinâmica que, cedo ou tarde, pode simplesmente levá-lo a fazer algo drástico para provar, de uma vez por todas, que ele não passa de um humano.

Todos pecaram e estão destituídos da glória de Deus (Romanos 3.23).

"Por que você repara no cisco que está no olho do seu irmão e não se dá conta da viga que está em seu próprio olho? Como você pode dizer ao seu irmão: 'Irmão, deixe-me tirar o cisco do teu olho', se você mesmo não consegue ver a viga que está em seu próprio olho? Hipócrita, tire primeiro a viga do seu olho, e então você verá claramente para tirar o cisco do olho do teu irmão" (Lucas 6.41,42).

Sabemos que Deus age em todas as coisas para o bem daqueles que o amam, dos que foram chamados de acordo com seu propósito (Romanos 8.28).

Embora Deus costure as coisas para que termine bem o que acabaria mal, machuca quando alguém que você respeita faz algo que não merece respeito. Esteja de luto pela pessoa que você achava que ele era. Esteja de luto por sua imagem idealizada e admita que existe vida depois da queda, e você vai se recuperar da tristeza causada por aquilo que parece ser uma traição direta, pessoal. E, evidentemente, não é só com os pastores que você precisa ter essa atitude. Outras pessoas bem mais próximas se meterão em encrencas, e você precisará fazer o mesmo por elas.

Qual é a melhor maneira de compreender os membros "caídos" da igreja? Como lidar com isso?

Depende de qual era seu relacionamento com esse membro antes de ele cair. Mas, em termos gerais, ame-o. Se for apropriado ao seu relacionamento — e mesmo que não seja, mas *possa* ser —, ofereça-se para passar tempo com ele, para estar junto, para ouvi-lo. Mostre-lhe como é o perdão de Cristo em sua forma direta e mortal.

John tem um amigo de igreja que chamaremos de Simon, o qual passou por uma terrível crise de bebedeira que durou um mês e causou danos significativos a seus relacionamentos diretos, pessoais e profissionais. Quando Simon parou de beber e percebeu a destruição que tinha causado, ficou devastado. Um dos efeitos de ter se afastado da própria vida foi a sensação de que simplesmente não poderia voltar para a igreja.

John tinha outro amigo na igreja, o Jim, que imediatamente deu um passo à frente e adotou Simon. Ele se ofereceu para terem encontros toda semana na igreja durante uma hora para conversar e ler as Escrituras.

Todas as terças na igreja, às 13 horas, Simon e Jim sentavam-se numa sala da escola dominical que estivesse vaga e simplesmente conversavam. Na maior parte do tempo era o Simon que falava. Um dos grandes dons de Jim é ser um ouvinte extraordinariamente empático.

Isso foi há dez anos, e Simon — que desde então nunca mais bebeu — diz que será eternamente grato ao homem que não o abandonou quando ele mesmo estava disposto a se entregar.

"Assim que parei de beber, comecei a ir a um terapeuta profissional", diz Simon. "Minhas sessões de terapia não eram tão valiosas para mim quanto os momentos que passava com Jim. Eu me sentia envergonhado, especialmente em relação à igreja. Simplesmente não achava que poderia participar dela novamente. De fato, foi muito útil colocar os pés no chão junto com o Jim, quando mais ninguém estava por perto. Foi um jeito excelente de reaparecer num lugar onde me sentia desconfortável. Em nossos encontros, Jim nunca deu a impressão de adotar aquela atitude crítica. Ele simplesmente ouvia e mostrava empatia. E ele não faltou a nenhuma terça, nenhuma — e ele é um cara muito ocupado! Eu, obviamente, não faltei também. Juntos, lemos e estudamos todo o livro de Jó. Aqueles meses foram um dos períodos em que mais experimentei a cura, coisa que nunca me havia acontecido. Hoje, busco oportunidades para exercer na vida de alguém o mesmo papel que Jim teve na minha vida".

É um papel que todos deveríamos exercer na vida de alguém que tropeçou.

Como se diz: Unidos, permanecemos.

Cada um, porém, é tentado pelo próprio mau desejo, sendo por este arrastado e seduzido. Então esse desejo, tendo concebido, dá à luz o pecado, e o pecado, após ter se consumado, gera a morte (Tiago 1.14,15).

"Sejam misericordiosos, assim como o Pai de vocês é misericordioso. Não julguem, e vocês não serão julgados. Não condenem, e não serão condenados. Perdoem, e serão perdoados. Deem, e lhes será dado: uma boa medida, calcada, sacudida e transbordante será dada a vocês. Pois a medida que usarem também será usada para medir vocês" (Lucas 6.36-38).

Como disse no começo, são os relacionamentos que fazem a vida ficar tão difícil. Contudo, eles também fazem a vida valer a pena. Na nova vida de cristão, você não acertará o tempo todo. Mas, à medida que aprende, cresce e se transforma, seus relacionamentos farão o mesmo, ainda que em meio ao rematado ultraje que chamamos pecado.

CAPÍTULO 3

Todo mundo: pecado, a constante humana

Vamos direto ao que interessa.

O que é pecado?

Bem, para iniciantes, é uma das palavras mais versáteis que existem. É um substantivo! ("Andy cometeu um *pecado* quando de propósito passou com um rolo compressor sobre a casa dos velhinhos."). É um verbo! ("Andy *pecou* quando tirou dinheiro da bandeja de ofertas."). É um adjetivo! ("Com certeza esse tal de Andy é *pecaminoso*."). É até um advérbio! ("Andy adora comidas *pecaminosamente* deliciosas.")

Chega, porém, de lições de gramática.

A questão é que a palavra "pecado" carrega em si muito peso.

O mais comum é ser um substantivo: é algo que a pessoa faz ou pensa que simplesmente é errado. Dentro do contexto cristão, significa fazer ou pensar algo que se choca com a vontade amorosa de Deus.

Na linguagem clássica, ou seja, no contexto do cristianismo das antigas, no estilo "fogo e enxofre" — e não temos nenhuma intenção de depreciá-lo: afinal, é preciso de raízes firmes para haver árvores fortes —, entende-se que pecado é qualquer ato que viola as leis de Deus. Sendo mais específico, é entendido como a violação de qualquer um dos Dez Mandamentos (v. Êxodo 20). Evidentemente, isto faz sentido: se você violar um dos "dez mais", certamente transgrediu. Isso não é pecado à moda antiga, evidentemente: é pecado à moda eterna.

Pensando de maneira muito individualista e profundamente pessoal, pecado é toda ação sua que o faça sentir culpado e imundo. É um ato ou mesmo um pensamento que, não importa se voluntário ou propositado, o tira da presença de Deus.

Se depois disso você tiver a sensação de que foi arrastado, acabou de pecar.

Isso significa que você sabe *exatamente* o que é pecado — pois, se já tem idade para ler isso, já tem idade para ter pecado tantas vezes na vida que a culpa por causa do pecado provavelmente o está corroendo por dentro bem neste instante! — Huumm. Estamos brincando. Mas, só para constar: o que os cristãos fazem quando ficam atormentados pela culpa é ficar de joelhos e implorar a Deus o perdão de seus pecados. Ajoelhe-se! Ele perdoará! Ele *perdoa mesmo*! A questão é exatamente esta! Reconhecer a culpa, junto com os efeitos que acompanham o pecado, e suportá-la é tão parte da existência humana quanto é bocejar quando estamos com sono e coçar quando sentimos alguma coceira.

Na verdade, quem fica perguntando o que é pecado está se enganando.

Todo mundo: pecado, a constante humana

Todos sabemos o que é pecado.
Ah, Deus, sempre sabemos.

Todo aquele que pratica o pecado transgride a Lei; de fato, o pecado é a transgressão da Lei (1João 3.4).

Se afirmarmos que estamos sem pecado, enganamos a nós mesmos, e a verdade não está em nós. Se confessarmos os nossos pecados, ele é fiel e justo para perdoar os nossos pecados e nos purificar de toda injustiça (1João 1.8,9).

A questão é que, quando pecamos, a melhor reação é sentir um pesar santo. A culpa e a vergonha nos prendem ao passado, ao momento em que os erros foram cometidos. No entanto, o pesar santo é a motivação para nos aprumarmos e servirmos a Deus em vez de causar-lhe constrangimentos, em vez de nos afastarmos dele como fizeram os primeiros a pecar: Adão e Eva.

O que é "pecado original"?

O pecado original é um pecado tão diferente que ninguém ainda o cometeu. Por isso é original.
Brincadeira.
Agora sério: estamos brincando. Por favor, não *tente* descobrir uma nova maneira de pecar. Além do mais, você provavelmente não conseguirá. Sem dúvida, cada uma das maneiras possíveis de pecar é uma maneira de pecar que as pessoas têm usado desde o princípio dos tempos.
E por que as pessoas sempre pecaram? Por que é impossível um ser humano *não* pecar?

Por causa do verdadeiro significado de "pecado original".
O termo comumente se refere a uma de duas coisas. A primeira é o pecado *original*— o marco zero, por assim dizer, de toda a *ideia* de pecado original. Este é o próprio acontecimento, registrado no primeiro livro da Bíblia (Gênesis, cap. 3), quando Adão e Eva, até aquele momento vivendo e saltitando alegremente no paradisíaco jardim do Éden, arruinaram tudo ao desavergonhadamente comer o único fruto que Deus proibiu que eles comessem, o único fruto proibido.
"Comam o que quiserem!", foi o que Deus de fato disse ao primeiro casal. "Qualquer coisa! A única coisa que ordeno é que vocês não comam o fruto desta árvore aqui. *Não comam deste fruto,* e tudo ficará às mil maravilhas."
E, é claro, este era o fruto que Adão e Eva tinham de comer cheios de gana.
E foi aí que, para todos os que viriam depois desse casal, a coisa começou a ir direto para... bem... você sabe para onde.
Maldito Diabo! (Você provavelmente sabe que foi a lábia de Satanás que convenceu Eva a dar a primeira e terrível dentada. Lemos em Gênesis que ele era o "mais astuto de todos os animais selvagens". Bem, isso faz a gente se perguntar a que ponto os animais *eram* astutos. Deixa para lá, isso não tem muito a ver com nossa conversa).

Todo mundo: pecado, a constante humana

Assim, quando as pessoas falam do pecado original, normalmente estão se referindo ao *primeiro de todos os pecados* que um ser humano cometeu. Comer o fruto proibido no jardim foi o pecado original. É bem simples, não? Entretanto, quando as pessoas falam de pecado original, elas estão se referindo a algo bem maior e mais abrangente. Normalmente, elas estão falando do *efeito* causado pela primeira transgressão de Adão e Eva contra a vontade de Deus, da mancha indelével que envergonha a pecaminosidade que o pecado original deixou como legado para toda a humanidade que veio depois deles.

A primeira transgressão de Adão e Eva contra Deus precipitou a grande e trágica queda do homem. Quando, por meio da desobediência voluntária, eles caíram da graça de Deus, *todos* nós caímos também. Quando eles foram expulsos do jardim, isso significou que, enquanto estivermos nesta vida, nenhum de nós jamais será capaz de voltar ao estado de comunhão afortunada e constante com Deus que nossos primeiros pais arruinaram ao insistir em que sabiam decidir o que era melhor para eles.

E assim até hoje lutamos contra as consequências — com a vergonha e a pecaminosidade — dos momentos inevitáveis quando também achamos que sabemos mais do que Deus sobre o que é melhor para nós.

Quer saber o tamanho da ira de Deus por causa da audácia da desobediência de Adão e Eva, de como eles demonstraram com tanta clareza que, na própria opinião, a

infinita abundância que Deus tinha dado a eles simplesmente não os satisfazia?
Veja parte da resposta.

O Senhor Deus perguntou então à mulher: "Que foi que você fez?" Respondeu a mulher: "A serpente me enganou, e eu comi". Então o Senhor Deus declarou à serpente: "Uma vez que você fez isso, maldita é você entre todos os rebanhos domésticos e entre todos os animais selvagens! Sobre o seu ventre você rastejará, e pó comerá todos os dias da sua vida". [...] À mulher, ele declarou: "Multiplicarei grandemente o seu sofrimento na gravidez; com sofrimento você dará à luz filhos. Seu desejo será para o seu marido, e ele a dominará". [...] E ao homem declarou: [...] maldita é a terra por sua causa; com sofrimento você se alimentará dela todos os dias da sua vida. Ela lhe dará espinhos e ervas daninhas, e você terá que alimentar-se das plantas do campo. Com o suor do seu rosto você comerá o seu pão, até que volte à terra, visto que dela foi tirado; porque você é pó, e ao pó voltará". [...]
Por isso o Senhor Deus o mandou embora do jardim do Éden para cultivar o solo do qual fora tirado. Depois de expulsar o homem, colocou a leste do jardim do Éden querubins e uma espada flamejante que se movia, guardando o caminho para a árvore da vida (Gênesis 3.13,14; 16-19; 23,24).

Este é o dono do jardim justamente fulo da vida executando um despejo para encerrar todos os despejos.
Sabe tudo o que você tem de trabalhar todos os dias só para ter o que comer? Agradeça a Adão e Eva.
Sabe a sensação de estar para sempre separado da graça de Deus por causa da própria natureza pecaminosa?

Todo mundo: pecado, a constante humana

Em outras palavras, sabe como você também sofre com os efeitos do pecado original? Agradeça a Adão e Eva por isso. Sabe como a vida pode ser uma luta? Como todos desesperadamente queremos ser amados? Como somos egoístas e gananciosos? Como nos corrompemos com facilidade? Como é fraca a nossa disposição de sermos bons e fazermos o bem? Sabe como toda a raça humana simplesmente parece nunca se saciar de guerras? Agradeça a Adão e Eva por isso. Ainda assim, não devemos ser rígidos demais com esses inocentes de outrora. Afinal, eles não passam de humanos.

> Ora, a serpente era o mais astuto de todos os animais selvagens que o SENHOR Deus tinha feito. E ela perguntou à mulher: "Foi isto mesmo que Deus disse: 'Não comam de nenhum fruto das árvores do jardim'?"
> Respondeu a mulher à serpente: "Podemos comer do fruto das árvores do jardim, mas Deus disse: 'Não comam do fruto da árvore que está no meio do jardim, nem toquem nele; do contrário vocês morrerão' ".
> Disse a serpente à mulher: "Certamente não morrerão! Deus sabe que, no dia em que dele comerem, seus olhos se abrirão, e vocês, como Deus, serão conhecedores do bem e do mal".
> Quando a mulher viu que a árvore parecia agradável ao paladar, era atraente aos olhos e, além disso, desejável para dela se obter discernimento, tomou do seu fruto, comeu-o e o deu a seu marido, que comeu também (Gênesis 3.1-6).

Porque nós por natureza gostamos de fazer as coisas ruins que são justamente o oposto das coisas que o Espírito nos manda fazer; e as coisas boas que desejamos fazer quando o Espírito nos domina, são justamente o oposto dos nossos desejos naturais. Estas duas forças dentro de nós estão lutando constantemente uma contra a outra, a fim de ganharem o domínio sobre nós, e os nossos desejos nunca estão livres de suas pressões (Gálatas 5.17, *BV*).

O Éden deve ter sido um lugar espetacularmente belo, mas não o suficiente para Adão e Eva manterem o prumo. Algumas pessoas acham que, quando se tornam cristãs, o mundo deve funcionar para elas como funcionaria num país botânico encantado. Tenha em mente que você não voltou para lá. Ao contrário, você está aqui. E, por causa das realidades do presente, as coisas serão difíceis. Você será tentado. De um jeito ou de outro, ficará aquém, errará o alvo e pecará.

Por que é importante que os cristãos confessem seus pecados?

O lance da confissão cristã é o seguinte: a vida de um humano, logo de cara, lança-nos uns desafios bem grandes, não é? O mais destacado entre esses desafios é um que está constantemente sendo encarado por todas as pessoas em todos os tempos: a vontade de ser perfeito.

Todos nós queremos ser perfeitos. De todo o coração, cada um de nós deseja ardentemente ser irrepreensível, maravilhoso, superior, sem culpa, inspirativo em tudo e absolutamente sem pecado.

Todo mundo: pecado, a constante humana

Especialmente sem pecado. Em última análise, este é realmente o estado ao qual aspiramos atingir.

Ah, meu amigo, quiséramos não pecar.

Mas — surpresa! —, nós pecamos. Pecar faz parte da nossa natureza (veja a pergunta anterior, "O que é 'pecado original'?", na página 141). Antes de sermos capazes de abandonar o pecado nós conseguiríamos ficar invisíveis quando quiséssemos, e ficaríamos levitando por aí sem que ninguém nos visse, e assim poderíamos... bem... deixa pra lá.

Vê?! Somos *pecadores* deste tanto!

Nós inevitavelmente pecamos. E, tão inevitavelmente quanto, depois de pecar sentimos uma culpa aflitiva, aterradora, que corta e rasga.

Malditos esses Adão e Eva! Não fosse por aqueles infames, hoje estaríamos tão livres de culpa quanto uma maçã pendendo de uma árvore.

Mas, ai de nós, não somos assim.

Nós pecamos.

E depois nós nos sentimos mal.

E depois nos sentimos impelidos a *fazer* algo que alivie essa sensação ruim.

E, meu amigo, é neste ponto que entra a bênção fantástica da confissão cristã.

Temos um Deus grandioso. E uma das coisas que o fazem tão impressionante e inexpressavelmente grandioso é o tamanho do cuidado que ele tem por nós. E uma razão de sabermos que ele se importa tanto conosco é que ele desceu à terra e deixou-se morrer a fim de estabelecer um meio permanente e infalível de nos purificar completamente da culpa cruenta e punitiva que vem depois do pecado.

Irmãos e irmãs! Vamos nos ajoelhar com joelhos calejados em gratidão pelo alívio que nosso Deus nos deu para a culpa, uma emoção extremamente cáustica, destrutiva e tóxica.

Culpa! Nós a geramos. Nós a odiamos. E é na confissão que somos absolvidos dela.

Alívio da culpa mediante a confissão dos pecados a Deus é o jeito de retomar a comunhão com ele. Pecamos; sentimos culpa; caímos de joelhos; derramamo-nos em confissão diante de Deus; ele perdoa nossas transgressões; num transbordar natural de gratidão pelo perdão — pela nova chance de vida —, rogamos a Deus que o representemos melhor agora do que jamais fizemos; levantamo-nos; somos purificados pelo sangue de Cristo, e prosseguimos (veja a pergunta "O que é a propiciação de Cristo?", na página 153).

Em poucas palavras, esta é a vida cristã.

Se você for um cristão recém-convertido e nunca aprender mais nada, aprenda a confessar seus pecados a Deus.

Se não sabe que diferença isso faz, descubra. Confesse seus pecados a Deus. Mudará sua vida, cada uma das benditas vezes em que você se confessar.

Todo mundo: pecado, a constante humana

O sangue de Jesus, seu Filho, nos purifica de todo pecado (1João 1.7).

Se confessarmos os nossos pecados, ele é fiel e justo para perdoar os nossos pecados e nos purificar de toda injustiça (1João 1.9).

Nele temos a redenção por meio do seu sangue, o perdão dos pecados, de acordo com as riquezas da graça de Deus (Efésios 1.7).

"Se eu não os lavar [de seus pecados], você não terá parte comigo" (João 13.8).

"Perdoa-nos os nossos pecados, pois também perdoamos a todos os que nos devem" (Lucas 11.4).

Ainda consigo lembrar-me da sensação de ser um cristão recém-convertido. Era simplesmente incrível. Depois eu pequei, e essa sensação desapareceu. Mas não para sempre. Porque um pecado não destrói sua salvação. É um tremendo alívio saber que a confissão dos pecados a Deus pode fazer toda a diferença no mundo.

Por que o arrependimento é tão importante para mim?

Porque Deus não pode ouvir você caso não se arrependa de maneira honesta e sincera de seus pecados — e, evidentemente, o arrependimento dos pecados faz parte da confissão. (Veja a pergunta anterior, "Por que é importante que os cristãos confessem seus pecados?", na página 146).

Na verdade, Deus *consegue* ouvir se você contar mentiras para ele. Contudo, mentir para Deus traz uma profunda vergonha para quem mente — e, quando você faz isso voluntariamente, Deus vira o rosto para você.

Direto ao ponto? Quando conta algum tipo de mentira, qualquer uma — especialmente quando mente para Deus —, você fica por conta própria, sozinho.

E, se você souber perfeitamente que pecou e não se arrepender do seu pecado, então está em oposição ao próprio Deus. Pois, ao não enxergar a necessidade e se arrepender, você está afirmando que seu pecado está justificado.

Ao deixar de buscar o perdão de seu pecado, você está dizendo que de fato não precisa de perdão. Com efeito, você afirmou que pode se perdoar.

Ainda pior: quando você deixa de se arrepender por seus pecados, fica implícita a afirmativa de que você vai continuar pecando.

Não importa como se ajeite o assunto, não é um assunto que você queira apresentar a Deus.

Veja o que acontece caso, sabendo que pecou — e nunca se engane, você sempre sabe quando pecou —, não se arrependa do seu pecado: você mente para Deus, traz vergonha para si, afirma que suas ações foram corretas e transmite a ideia de que continuará cometendo as ações destrutivas que já cometeu.

Essa é a pior encomenda que você gostaria de entregar para si mesmo.

O arrependimento é a maneira de tornar a pretensa feiura em algo belo.

Todo mundo: pecado, a constante humana

O arrependimento cristão tem dois passos: convencer-se de seu pecado — isto é, *saber* verdadeiramente que você pecou —, e depois arrepender-se dele.

Pense nisto: são duas as coisas que você quer de alguém que o tenha prejudicado. Em primeiro lugar, você quer que a pessoa sinta a profundidade da transgressão que ela cometeu contra você, que ela entenda com o intelecto e as emoções o erro flagrante em que ela incorreu. Em segundo lugar, você quer que isso nunca mais se repita. Se alguém que pecou contra você faz estas duas coisas — se arrepende do que fez e sinceramente promete nunca mais fazer de novo —, então você está livre para novamente ter comunhão com essa pessoa.

Você está livre para *perdoá-la*.

São essas duas coisas que precisamos fazer se quisermos que Deus perdoe nossos pecados. Não é suficiente apenas ficarmos sentidos por causa do pecado que cometemos; também precisamos ter a determinação de nunca mais cometer esse pecado.

Qualquer um pode se sentir incomodado. *Fazer* algo a respeito do incidente que o incomoda é o que separa o trigo da palha.

Remorso sem atitude resoluta não passa de sentimentalismo insípido.

"Para trás de mim, Satanás!" significa "Estou dando as costas para você, tentador e destruidor! *Vou para o lado oposto!*".

Em hebraico, "arrependimento" significa literalmente mudar de direção. Arrepende-se aquele que dá uma volta de 180 graus. Você! Faça sua volta!

Uma coisa vital a respeito do ato cristão de arrependimento: trata-se menos de frear todas as maneiras de pecar — uma vez que isso é impossível, embora seja sua responsabilidade *continuar na tentativa* de frear seu pecado, e que certamente você pode e deve diminuir radicalmente sua prática pecaminosa — e mais do fato de ser por meio do arrependimento, ou seja, por meio do desejo ardoroso de parar de pecar que percebemos a total dependência que temos de Deus para gerar qualquer mudança real em nossa vida.

É somente por meio da tentativa de realmente nos purificarmos, de verdadeiramente tentarmos o máximo possível nos purificar, que percebemos como essa é uma empreitada completamente fútil.

O arrependimento não se trata de regras, opressão e mentalidade rígida que o farão se comportar como o soldadinho cristão moralista que se espera de você.

O arrependimento trata-se de entrar o mais profundamente possível em um relacionamento com a mais elevada ordem de existência.

"Arrependam-se, pois, e voltem-se para Deus, para que os seus pecados sejam cancelados, para que venham tempos de descanso da parte do Senhor" (Atos 3.19,20).

Todo mundo: pecado, a constante humana

"Preguei em primeiro lugar aos que estavam em Damasco, depois aos que estavam em Jerusalém e em toda Judeia, e também aos gentios, dizendo que se arrependessem e se voltassem para Deus, praticando obras que mostrassem o seu arrependimento" (Atos 26.20).

Então Jesus lhes contou esta parábola: "Qual de vocês que, possuindo cem ovelhas, e perdendo uma, não deixa as noventa e nove no campo e vai atrás da ovelha perdida, até encontrá-la? E quando a encontra, coloca-a alegremente nos ombros e vai para casa. Ao chegar, reúne seus amigos e vizinhos e diz: 'Alegrem-se comigo, pois encontrei minha ovelha perdida'. Eu lhes digo que, da mesma forma, haverá mais alegria no céu por um pecador que se arrepende do que por noventa e nove justos que não precisam arrepender-se" (Lucas 15.3-7).

"O tempo é chegado", dizia ele [Jesus]. "O Reino de Deus está próximo. Arrependam-se e creiam nas boas-novas!" (Marcos 1.15).

Quer saber como se começa uma vida de arrependimento? Faça a primeira coisa certa que aparecer na sua frente. Depois faça a coisa seguinte. E depois a seguinte, a seguinte e a seguinte. Na verdade, é uma das melhores orientações para qualquer um de nós em qualquer circunstância, mas especialmente depois que pecamos e estamos precisando de arrependimento. Pois você não se arrepende de verdade, a menos que se afaste de onde estava e daquilo que estava fazendo e se vire para um novo relacionamento com Deus. E você *tem condições* de fazer isso por causa daquilo que Cristo fez por você.

O que é a "propiciação" de Cristo?

A doutrina cristã da propiciação se resume a esta dinâmica: as pessoas pecam. Elas sempre pecaram. Nesta vida elas sempre pecarão. Como já vimos, o pecado é parte integrante da natureza humana.

O fato de as pessoas sempre terem pecado — e que sempre pecarão — nos deixa a todos na esteira, tanto em termos pessoais quanto em termos cumulativos como raça humana, de uma carga de tamanho incalculável, lotada de detritos emocionais, psicológicos e espirituais. Quando pecamos, causamos danos ao amoroso e onipresente Espírito de Deus, ainda que sejam danos intangíveis ou impossíveis de medir. Ao longo do curso de simplesmente estar vivo — quando não com intenções e propósitos malévolos —, deixamos para trás entulhos dispersos e numerosos de nossos pecados que precisam ser processados, em qualquer intensidade e por qualquer processo, por outras pessoas, outras esferas de cuidado, outras gerações.

Ficamos com aqueles reais a mais de troco que o caixa nos deu por engano, secretamente fazemos meia hora a mais de almoço, não nos refreamos e fazemos aquela piada à custa de alguém e continuamos a vida assim. E o entulho espiritual que nossos pecados produziram — a culpa, o ressentimento, a desonra e a vergonha que, em alguma medida, inevitavelmente são gerados — acumula-se à nossa volta e, de um jeito ou de outro, arrasta-nos para baixo.

E em nossos sonhos mais alucinados tudo isso desaparece.

Todo mundo: pecado, a constante humana

Ah, como ansiamos passar pela vida sem nos embaraçarmos com o peso dos pecados que nós e outros cometemos! Esse é o sonho. Na verdade, é a isso que nos referimos quando falamos sobre o paraíso, sobre ser livre, sobre se livrar disso tudo. Quando falamos e pensamos nesses termos, temos uma mente que existe, ainda que por um instante, fora do ciclo do pecado e de seu custo.

Sabemos, contudo, que não podemos sair desse ciclo. Sabemos que estamos presos a ele. Sabemos que não é possível fazer a negatividade do mundo desaparecer. Todos sabemos que para nós, meros mortais, é mais fácil segurar uma segunda lua no céu do que obtermos sozinhos o alívio para o peso do pecado.

Todos sabemos que sozinhos ficamos presos, sofrendo os efeitos daquilo que causamos.

E, por fim, qual *é* o efeito de nosso pecado?

A Bíblia explica isso em poucas palavras (v. Romanos 6.23): "O salário [ou seja, a consequência] do pecado é a morte". E nós teríamos consciência disso mesmo que a Bíblia não informasse. Todos sabemos dos "salários" dos pecados coletivos. Compreendemos que, em última análise, o pecado leva à erosão e à destruição de tudo o que nos é mais caro. Sabemos que o pecado gera sofrimento, malignidade e culpa cáustica. Sabemos que conduz à degradação da nossa raça, ao desespero de nossos filhos, à vergonha em relação ao passado, à confusão em relação ao presente, à desesperança a respeito do futuro.

Sabemos que o pecado põe uma cunha que nos separa de tudo o que é santo e divino. Sabemos que o pecado nos separa de Deus. Ah, se as consequências do pecado não nos atingissem! Ah, se desaparecessem! Para sempre! Ah, se tão somente pudéssemos viver o sonho de maneira verdadeiramente real.

Bem, irmãos e irmãs, adivinhem só. Nós podemos. Libertar a humanidade das terríveis consequências do pecado é *exatamente* o motivo e o propósito pelos quais Jesus veio ao mundo.

Essa dinâmica, bem aí, essa *realidade* da propiciação, é o marco zero do cristianismo.

A propiciação é a dinâmica miraculosa pela qual Jesus voluntariamente deixou-se matar — deixou-se sacrificar, como você certamente já ouviu falar — como propiciação por nossos pecados. Ele tomou sobre si *todas* as consequências de *todos* os pecados que *todos* nós cometeríamos em *todos* os tempos, e então ele fez que tudo isso deixasse de existir.

Jesus Cristo morreu por nossos pecados. Com seu corpo, ele pagou o preço final por tudo de ruim que nós fizemos e faremos. É daí que vem a frase que fala dos cristãos sendo "lavados e purificados pelo sangue de Cristo" (veja o final da resposta para a pergunta "Por que é importante que os cristãos confessem seus pecados?", na página 146).

Certamente é uma expressão visceral de causar repulsa, mas teria de ser a fim de captar a terrível e assombrosa

Todo mundo: pecado, a constante humana

verdade sobre a qual nossa fé em Jesus está fundamentada. Compreender e crer que Jesus morreu por nossos pecados: isto *é* cristianismo.

Cristo se deu — Deus em forma humana se *sacrificou* — em troca da absolvição final e irrevogável dos efeitos de todo pecado humano que já foi ou que será cometido.

Bem, *esta*, sim, é uma fé na qual se apoiar. Este, sim, é um Deus que pode fazer um bem muito real e muito direto a uma pessoa. Para começar, serve de caminho para toda pessoa que crê naquilo que Cristo fez na cruz se apossar do que ele realizou.

A propiciação permite que os pecados cometidos pelos cristãos sejam totalmente perdoados.

Sabe a culpa que você sente quando está pecando — sendo egoísta, ganancioso, negativo, agindo com maldade —, a culpa que acrescenta ao mar de lodo espiritual que você *sabe* estar eternamente girando embaixo de seus pés e pernas, puxando você para baixo?

Confesse seus pecados a Deus e *voilá*, esta água fica limpa: você fica livre para pular, correr e se divertir a valer, volta para o jogo (novamente, veja a pergunta "Por que é importante que os cristãos confessem seus pecados?", na página 146).

A propiciação é um auxílio imensurável nesta vida porque é a forma de dar alívio à culpa e à vergonha. E essa ajuda é megaimensurável na vida futura porque ela assegura que, além de *não* perecer depois de morrer, você também passará a eternidade se aquecendo na luz gloriosa da direta e gloriosa presença de Deus.

Porque Cristo, por meio de sua compaixão e amor infinitos, deu sua vida como resgate que garante para toda a eternidade a propiciação absoluta para seus pecados. Você, crendo nele, morre sem o fedor rançoso do pecado em você. A propiciação de Jesus Cristo possibilita que você morra como nunca viveu: perfeito.

É uma morte tão purificada no próprio Senhor que sua morte o deixará em posição de entrar em sua presença bendita e também de passar o resto da eternidade lá.

Podemos dizer amém?

"Nem mesmo o Filho do homem veio para ser servido, mas para servir e dar a sua vida em resgate por muitos" (Marcos 10.45).

Nisto consiste o amor: não em que nós tenhamos amado a Deus, mas em que ele nos amou e enviou seu Filho como propiciação pelos nossos pecados (1João 4.10).

Aquele que não poupou seu próprio Filho, mas o entregou por todos nós, como não nos dará juntamente com ele, e de graça, todas as coisas? (Romanos 8.32).

Pois o que [eu, Paulo] primeiramente lhes transmiti foi o que recebi: que Cristo morreu pelos nossos pecados, segundo as Escrituras (1Coríntios 15.3).

Ele é a propiciação pelos nossos pecados, e não somente pelos nossos, mas também pelos pecados de todo o mundo (1João 2.2).

Todo mundo: pecado, a constante humana

Deus o ofereceu com sacrifício para propiciação mediante a fé, pelo seu sangue, demonstrando a sua justiça. Em sua tolerância, havia deixado impunes todos os pecados anteriormente cometidos (Romanos 3.25).

"Isto é o meu sangue da aliança, que é derramado em favor de muitos, para perdão de pecados" (Mateus 26.28).

"Porque Deus tanto amou o mundo que deu o seu Filho Unigênito, para que todo o que nele crer não pereça, mas tenha a vida eterna" (João 3.16).

"Porque Deus tanto amou o mundo que deu o seu Filho Unigênito, para que todo o que nele crer não pereça, mas tenha a vida eterna" (João 3.16).

"Porque Deus tanto amou o mundo que deu o seu Filho Unigênito, para que todo o que nele crer não pereça, mas tenha a vida eterna" (João 3.16).

"Porque Deus tanto amou o mundo que deu o seu Filho Unigênito, para que todo o que nele crer não pereça, mas tenha a vida eterna" (João 3.16).

"Porque Deus tanto amou o mundo que deu o seu Filho Unigênito, para que todo o que nele crer não pereça, mas tenha a vida eterna" (João 3.16).

(Ei, dizer isso muitas vezes ainda é pouco. Mas vamos parar por aqui. Quase.)

Somente uma breve observação que nos pode deixar animados com nossa fé. Todas as religiões com as quais temos contato tratam daquilo que podemos fazer por Deus, e daquilo que podemos fazer Deus conseguir para nós. A diferença é grande quando Deus faz todo o possível para se aproximar de nós, para se sacrificar em nosso favor, para nos salvar. E tudo isso foi possível por causa daquela fantástica sequência de acontecimentos: Jesus morreu, foi sepultado e saiu da tumba já ressuscitado.

Por que a ressurreição de Cristo é tão importante para mim?

Porque sem a ressurreição não existe cristianismo. Como a famosa e contundente frase de Paulo: "Se Cristo não ressuscitou, é inútil a nossa pregação, como também é inútil a fé que vocês têm" (1Coríntios 15.14). Aí está. A ressurreição de Cristo — o retorno dentre os mortos em forma corpórea depois de ser crucificado — é como a validade de nossa fé é provada. Põe em tudo o que Cristo disse e fez a marca do que é real, verdadeiro e eternamente vivo.

Você, eu e todo mundo queremos *prova* das coisas, especialmente sobre coisas tão importantes quanto saber se Jesus é ou não quem disse ser. Ele disse que é Deus. Ele disse que veio fazer propiciação de nossos pecados. Ele disse que, se acreditássemos nele, teríamos vida eterna.

Tudo isso é maravilhoso. No entanto, nenhum de nós é completamente estúpido, e nenhuma das pessoas que estavam em volta de Jesus durante seu ministério o era. Exatamente como acontece hoje, aquelas pessoas precisavam da prova de que Jesus é Deus.

É certo que ele trouxe mortos de volta à vida. Ele também andou sobre as águas, alimentou multidões com quase

Todo mundo: pecado, a constante humana

nada e instantaneamente curou pessoas com doenças que fariam os médicos de hoje desistirem de seus estetoscópios. Esses *eram* milagres de fazer o queixo cair e certamente tinham muito a ver com os motivos pelos quais, na época em que Jesus foi morto, multidões aceitavam oficialmente e sem nenhuma dificuldade que ele era Deus encarnado.

E, depois, afinal, ele *foi* espancado, arrastado pela cidade e executado como um criminoso.

Quando alguém que podia ser Deus morre da maneira horrorosa, prolongada, humilhante e extremamente *comum* como aconteceu com Jesus, é mais do que evidente que isso embota qualquer brilho que essa pessoa possa ter chegado a obter.

Diga-se o que quiser a respeito de Cristo, mas ele *foi* morto. Milhares viram a cena. A tortura e morte não aconteceram em algum lugar remoto e escondido. Não poderia ter sido um evento mais público do que foi.

Jesus realmente morreu, ele realmente foi deste mundo para o outro. Como escreveu João, testemunhando a crucificação de seu amigo amado.

> Como não queriam que os corpos permanecessem na cruz durante o sábado, os judeus pediram a Pilatos que mandasse quebrar as pernas dos crucificados e retirar os corpos. Vieram, então, os soldados e quebraram as pernas do primeiro homem que fora crucificado com Jesus e em seguida as do outro. Mas quando chegaram a Jesus, constatando que já estava morto, não lhe quebraram as pernas. Em vez disso, um

dos soldados perfurou o lado de Jesus com uma lança, e logo saiu sangue e água (João 19.31-34).

Aí está. Não dá para ficar mais morto do que isso.

Depois o corpo de Jesus foi colocado em uma tumba. Foi numa sexta-feira. No domingo — apesar dos guardas que estavam a postos para garantir que nada aconteceria ao corpo —, a tumba de Jesus apareceu vazia.

Pouco tempo depois, todo tipo de gente viu Jesus andando por aí falando com pessoas, acalmando uma tempestade, contando piadas, *comendo*.

Ele tinha voltado, e não existem duas maneiras de enxergar esse fato.

E, novamente, tudo muito público. Quando Jesus voltou dos mortos, ele não era uma aparição mística que surgia para uma ou duas pessoas no meio da noite. Ele não apareceu para ninguém em visões espirituais. Ele andava à solta por aí como se tivesse acabado de ganhar a eleição para prefeito de Felizlândia.

Ele voltou para a vida, *vida*, exatamente como disse o tempo todo que aconteceria.

A ressurreição corporal de Cristo é importante porque esse milagre em estado puro — o poder alucinado e impensável de uma coisa assim acontecer de fato — efetivamente elimina a escolha de uma pessoa em acreditar ou não se o homem chamado Jesus era o Deus encarnado.

Se a ressurreição de Cristo foi real, então o cristianismo é real. É simples assim; e tão inusitado e glorioso.

Todo mundo: pecado, a constante humana

Feliz Páscoa. Cada um dos dias de sua vida abençoada.

Pois o que primeiramente lhes transmiti foi o que recebi: que Cristo morreu pelos nossos pecados, segundo as Escrituras, foi sepultado e ressuscitou no terceiro dia, segundo as Escrituras, e apareceu a Pedro e depois aos Doze. Depois disso apareceu a mais de quinhentos irmãos de uma só vez (1Coríntios 15.3-6).

Se Cristo não ressuscitou [...] seremos considerados falsas testemunhas de Deus, pois contra ele testemunhamos que ressuscitou a Cristo dentre os mortos (1Coríntios 15.14,15).

O anjo disse às mulheres: "Não tenham medo! Sei que vocês estão procurando Jesus, que foi crucificado. Ele não está aqui; ressuscitou, como tinha dito" (Mateus 28.5,6).

Depois de seu sofrimento, Jesus apresentou-se a eles e deu-lhes muitas provas indiscutíveis de que estava vivo. Apareceu-lhes por um período de quarenta dias falando-lhes acerca do Reino de Deus (Atos 1.3).

Ele foi entregue à morte por nossos pecados e ressuscitado para nossa justificação (Romanos 4.25).

Disse-lhes Jesus: "Eu sou a ressurreição e a vida. Aquele que crê em mim, ainda que morra, viverá" (João 11.25).

Onde está, ó morte, a sua vitória? Onde está, ó morte, o seu aguilhão? (1Coríntios 15.55).

Muitos entre nós usam cruzes para lembrar do sofrimento de Cristo e para honrar seu sacrifício indescritível. Mas talvez devêssemos usar também pequenas pedras com buracos vazios, representando a tumba vazia.

Naquela sexta-feira, aconteceu uma morte muito triste. Mas aquele domingo, ah, meu amigo, aquele domingo da ressurreição deve ter sido um dia fantástico. Um dia do qual podemos ter "orgulho".

Por que o orgulho é considerado um pecado tão central e perigoso?

Bem, depende de como você entende a palavra "orgulho". Orgulhar-se em Cristo — por estar vinculado a Jesus, por ter um relacionamento com ele, por se alinhar com os desejos que ele tem para toda a humanidade — é algo de que nos devemos orgulhar. Esse tipo de orgulho é bom.

É de lamentar a tamanha dificuldade que é fazer o tipo bom de orgulho *continuar sendo* o *tipo bom*. Infelizmente, o orgulho positivo torna-se negativo com a mesma facilidade que a água escorre montanha abaixo.

Diabo maldito!

Que se danem nossos egos! (Veja a pergunta "O que é 'pecado original'?", na página 141).

O ponto é este: "Tenho orgulho de seguir Jesus" é uma afirmação baseada no tipo positivo de orgulho ao qual nos referimos, certo? É uma percepção da qual nenhum cristão gostaria de se privar.

Contudo, observe a facilidade com que essa afirmação simples e honrosa se transforma, como que por encanto, de uma afirmação humildemente *a favor de Deus* em uma afirmação arrogantemente *contra Deus*. Em outras palavras, veja como o orgulho bom transforma-se em orgulho ruim.

- "Tenho orgulho de seguir a Cristo" (Nenhum problema até aqui!)
- "É bom seguir a Cristo" (Não há o que questionar!)
- "Se é bom seguir a Cristo, e eu sigo a Cristo, então devo ser bom" (Alerta de ego!)
- "Sou bom" (Alerta! Alerta! E agora temos um desviado)

Viu o que aconteceu? Viu como é suave, pronta e quase automática a mudança de "*Deus* é bom" para "*Eu* sou bom"?

E, é claro, a partir daí só piora. "Sou bom" quase inevitavelmente põe em movimento uma traiçoeira reação em cadeia de ajustes na atitude, uma reação que é sutil, cáustica e quase impossível de resistir.

Acontece assim:

- "Sou bom porque creio em Cristo."
- "Já que crer em Cristo é bom, as pessoas que não creem em Cristo devem ser más."
- "Pessoas que não creem em Cristo são más."
- "Em nome de Cristo, as pessoas más devem receber uma mensagem dizendo que elas são más."
- "É correto adotar uma postura muito crítica, grosseira e enfática com os não cristãos."

Pois é. Você captou a ideia. Essa progressão — junto com os zilhões de variações pessoais — é uma das maneiras de transformar a água da vida em água amarga e venenosa.

O cristão sábio sabe que deve estar atento para não vincular o ego propenso ao orgulho com as gloriosas verdades de Cristo. Todos os cristãos precisam tratar o orgulho como um pecado particularmente perigoso, por causa da rapidez traiçoeira com que se insinua no coração e na postura de uma pessoa. Sair do "Cristo me ama" e chegar no "Sou supremamente amável" é uma viagem perigosamente curta — e também uma viagem com vistas cativantes e sedutoras. Veja! Lá está o monte Sou Demais! E a arrebatadora planície da Sabedoria Própria! E veja como cintila ao sol o rio Eu sou o cara!.

A sabedoria diz que essa viagem deve ser evitada a todo custo. "O orgulho vem antes da destruição" é uma lição antiga que os cristãos devem manter fresca na memória.

O orgulho vem antes da destruição; o espírito altivo, antes da queda (Provérbios 16.18).

Deus se opõe aos orgulhosos, mas concede graça aos humildes (Tiago 4.6).

Aquele que julga estar firme, cuide-se para que não caia! (1Coríntios 10.12).

Pense nisto: um grupo de leões é um grupo cheio de orgulho, e o orgulho vai devorar você como se fosse um grupo de leões. Se existe um pecado no qual trabalhar, talvez seja melhor começar o trabalho com o pecado que sempre está conosco — o orgulho.

Todo mundo: pecado, a constante humana

É possível eu deixar de me comportar de maneira pecaminosa?

Não, não é. Mas é perfeitamente possível você pecar menos frequentemente, à medida que se apoia no poder de Cristo que habita em você, o poder que reduz o tipo de doença ou incômodo espiritual que tão comumente desemboca no comportamento pecaminoso. Obter grande medida de força sobre nossa pecaminosidade por meio das ministrações interiores do Espírito Santo é uma das recompensas pessoais que fazem parte de seguir Jesus.

Contudo, não importa quanto nos esforcemos para superar essa pecaminosidade, por enquanto estamos presos à nossa natureza humana (veja a pergunta "O que é 'pecado original'?", na página 141) e, portanto, estamos inexoravelmente contaminados pelo pecado. É um fato inevitável da nossa existência que, num dia qualquer — se não num *instante* qualquer —, estamos obrigados a agir ou pensar de maneira egoísta, gananciosa e enraivecida. A despeito de nós mesmos, cedo ou tarde ficaremos impacientes e fofoqueiros, mostraremos menosprezo, orgulho, engano, oportunismo, e assim por diante, até que a morte nos tire desta vida. Comportar-se e pensar de maneira — ou seja, de maneira equivalente a propositadamente glorificar a nós mesmos, e não a Deus — é algo que, em virtude de nossa natureza pecaminosa, somos inteiramente propensos a fazer.

Vez após vez, provamos a nós, a Deus a ao restante do mundo que, entre tantas coisas, ainda não estamos preparados para assumir um lugar entre os santos. No entanto — aleluia! —, também é verdade que nosso Salvador nos liberta da sensação de desesperança que necessariamente decorre de nossos intratáveis modos pecaminosos. Tendo Jesus Cristo para nos ajudar e nos mostrar o caminho para uma vida de mais santidade e mais honra — o tipo de vida que edifica em vez de destruir o Reino de Deus aqui — *podemos* afrouxar a garra dos pecados que mais bloqueiam a possibilidade de vivenciar a plenitude do amor de Deus.

Por meio da oração persistente e da atenção diligente, podemos eliminar com sucesso do nosso comportamento e pensamento o tipo costumeiro de autodestruição e negatividade perene que marca o pecador desesperançado. E, para reagirmos diante dos pecados que não conseguimos superar nem erradicar completamente, temos — graças a Deus! — a confissão e o arrependimento (veja as perguntas "Por que é importante que os cristãos confessem seus pecados?" e "Por que o arrependimento é tão importante para mim?", nas páginas 146 e 149).

"Para trás de mim, Satanás! Você é uma pedra de tropeço para mim, e não pensa nas coisas de Deus, mas nas dos homens" (Mateus 16.23).

Sabemos que a Lei é espiritual; eu, contudo, não o sou, pois fui vendido como escravo ao pecado. Não entendo o que faço. Pois não faço o que desejo, mas o que odeio. E, se faço

Todo mundo: pecado, a constante humana

o que não desejo, admito que a Lei é boa. Neste caso, não sou mais eu quem o faz, mas o pecado que habita em mim. Sei que nada de bom habita em mim, isto é, em minha carne. Porque tenho o desejo de fazer o que é bom, mas não consigo realizá-lo. Pois o que faço não é o bem que desejo, mas o mal que não quero fazer, esse eu continuo fazendo. Ora, se faço o que não quero, já não sou eu quem o faz, mas o pecado que habita em mim.

Assim, encontro esta lei que atua em mim: Quando quero fazer o bem, o mal está junto a mim. No íntimo do meu ser tenho prazer na Lei de Deus; mas vejo outra lei atuando nos membros do meu corpo, guerreando contra a lei da minha mente, tornando-me prisioneiro da lei do pecado, que atua em meus membros. Miserável homem que eu sou! Quem me libertará do corpo sujeito a esta morte? Graças a Deus por Jesus Cristo, nosso Senhor!

De modo que, com a mente, eu próprio sou escravo da Lei de Deus; mas, com a carne, da lei do pecado (Romanos 7.14-25).

Fortaleçam-se no Senhor e no seu forte poder. Vistam toda a armadura de Deus, para poderem ficar firmes contra as ciladas do Diabo (Efésios 6.10,11).

Como vimos, pecar é um traço incurável do ser humano. Mas isso não significa que não devemos tentar com diligência não pecar. Ficar doente também faz parte da condição humana, mas isso não significa que devemos parar de cuidar da saúde, certo? E, assim como existem diferentes intensidades nas doenças, também existem diferentes graus de pecado. Pecar menos, assim como estar menos doente, é sempre melhor.

Existe algum pecado que esteja fora do alcance do perdão?

A notícia ruim é que Jesus nos disse que *existe* um pecado que é absolutamente imperdoável. A boa notícia é que é impossível um cristão cometer esse pecado. Em Mateus 12.31,32 Jesus especifica aquilo que a tradição cristã tem chamado de "o pecado imperdoável".

"Por esse motivo eu lhes digo: Todo pecado e blasfêmia serão perdoados aos homens, mas a blasfêmia contra o Espírito não será perdoada. Todo aquele que disser uma palavra contra o Filho do homem será perdoado, mas quem falar contra o Espírito Santo não será perdoado, nem nesta era nem na que há de vir."

Por falar nisso, faça questão de ler você mesmo toda a passagem de onde esse trecho foi tirado. É empolgante! Jesus faz essa afirmação irritada para um grupo de líderes religiosos cheios de condenação — fariseus — que tinha acabado de vê-lo curar instantaneamente um homem que era cego e mudo desde muito tempo. E a que poderes sobrenaturais os fariseus escandalizados atribuíram os poderes manifestos e inegáveis da cura miraculosa? A *Satanás*! "É somente por Belzebu, o príncipe dos demônios", disseram eles, "que ele expulsa demônios" (Mateus 12.24). Pode-se imaginar — melhor ainda, pode-se ler! — como Jesus se sente quando figuras de autoridade arrogantes e hipócritas afirmam que seus poderes não derivam de seu Pai amoroso e benigno, mas do inimigo mortal: é

Todo mundo: pecado, a constante humana

hipocrisia religiosa arrogante. O trecho citado faz parte daquilo que Jesus, ardendo com uma fúria que se pode *sentir* irradiando da Bíblia — disse a seus pretensos juízes: "Raça de víboras, como podem vocês, que são maus, dizer coisas boas?" (Mateus 12.34). Jesus tomado por alegria evidentemente é uma coisa bela. Mas Jesus tomado pela ira definitivamente é algo que chama a atenção.

Com o passar dos séculos, desde que Jesus andou pela terra, oceanos de tinta foram usados por pessoas tentando decifrar e compreender o significado pleno de Mateus 12.31,32. E estas frases *representam* um desafio extra, já que nelas Jesus parece estar afirmando verdades contraditórias:

1) Blasfemar contra ele é passível de perdão;
2) Blasfemar contra o Espírito Santo é imperdoável.

Os eruditos e teólogos põem a mão no queixo e pensam "Humm, mas o Pai, o Filho e o Espírito não são um? Como pode haver perdão para a blasfêmia contra o Filho, mas não contra o Espírito? Sinto-me movido a escrever um livro de mil páginas sobre esse assunto" — tudo bem, nem todos dizem esta última parte. Isso não o deixa contente?

Sorte sua por ter comprado *este* livro. O que precisamos dizer a respeito disso? Para Jesus, o "pecado imperdoável" é:

> Eu entendo por que as pessoas dizem coisas negativas a respeito de mim. Afinal, eu me apresentei na terra usando o

manto da mortalidade. Alguns, mesmo muitos, vão resistir a mim, como eu já esperava e como foi previsto.

Se uma pessoa de cara não acreditar em mim, e falar mal de mim, e depois perceber que sou exatamente quem digo que sou — Deus encarnado —, então alegremente perdoarei essa pessoa quando ela me pedir perdão das blasfêmias que disse a meu respeito. Sem problema. Mas, uma vez que a pessoa foi cheia com o conhecimento da minha divindade —, tendo recebido meu vivo Espírito dentro dela — como se volta contra mim? Isso é imperdoável. Qualquer um que tenha o Espírito Santo e depois o rejeite criou para si um mundo de sofrimento do qual nem mesmo eu posso livrá-lo. Não que essa pessoa vá pedir meu perdão, é claro, já que a rejeição significa que meu perdão já não tem nenhuma importância nem mérito para ela. Na verdade, isso faz daquilo que eu disse em Mateus 12.31,32 certo jogo de palavras. Sou muito bom com as palavras, você sabe.

Seja como for, você capta a questão: Jesus está dizendo que você pode duvidar de Cristo ou mesmo blasfemar contra ele *antes* de aceitá-lo como seu Salvador —, mas, tendo o Espírito dentro de você, é melhor não se voltar contra ele.

O amado apóstolo Paulo, autor de boa parte do Novo Testamento, é um exemplo de homem que antes causava de maneira aberta danos incomensuráveis a Cristo. Antes de ser salvo na famosa experiência de conversão na estrada para Damasco — você pode lê-la no livro de Atos —, Paulo perseguia os cristãos de maneira virulenta e devotada

Todo mundo: pecado, a constante humana

e dava duro para prender e assassinar muitos desses cristãos. Tendo sido "cegado pela luz", Paulo aceitou em sua alma Jesus como Senhor e Salvador, e Cristo perdoou todos os seus pecados. Evidentemente, Paulo viveu o restante da sua vida em esclarecida gratidão pela dádiva da graça de Deus sobre ele.

No entanto, se ele *não* tivesse vivido o restante da vida como viveu — se, em algum momento depois de salvo, ele tivesse recusado o Espírito de Cristo dentro dele — bem... então isso faria o sofrimento que Paulo suportou como servo de Cristo parecer um piquenique no parque.

Então, em resumo, a resposta para "Existe algum pecado que esteja fora do alcance do perdão?" é exatamente uma: voltar-se contra Cristo depois de tê-lo aceitado. Mas é o único pecado desse tipo. Cristo morreu na cruz para perdoar todos os outros pecados, mesmo os mais horrendos. Se alguém que tenha cometido *qualquer* tipo de pecado pedir perdão a Jesus Cristo — se esta pessoa se arrepender verdadeiramente e verdadeiramente pedir o perdão prometido para todos os que nele creem —, receberá perdão absoluto. Para sempre. Ponto final.

> Porque eu lhes perdoarei a maldade e não me lembrarei mais dos seus pecados (Hebreus 8.12).

> "Deus o exaltou, colocando-o à sua direita como Príncipe e Salvador, para dar a Israel arrependimento e perdão de pecados" (Atos 5.31).

"Portanto, meus irmãos, quero que saibam que mediante Jesus lhes é proclamado o perdão dos pecados" (Atos 13.38).

[O amor] não maltrata, não procura seus interesses, não se ira facilmente, não guarda rancor (1Coríntios 13.5).

Irmãos, não penso que eu mesmo [Paulo] já o tenha alcançado, mas uma coisa faço: esquecendo-me das coisas que ficaram para trás e avançando para as que estão adiante, prossigo para o alvo, a fim de ganhar o prêmio do chamado celestial de Deus em Cristo Jesus (Filipenses 3.13,14).

Uma das coisas que gosto na vida de Paulo é que ele teve uma experiência extracorpórea que, de certa forma, permitiu que visse o céu. Depois ele voltou para cá, viveu e morreu por Jesus. Se existisse um caminho diferente de atingir o céu, não acho que ele teria escolhido tal caminho. Isso sempre me consolou e me motivou a nunca afligir o Espírito Santo, mas a pedir sabedoria e orientação para essa fantástica fonte sobrenatural de poder dentro de mim. Quando sentimos esse "cutucão", ficamos motivados a endireitar as coisas e nos livrar daquilo que já não combina com nossa vida.

Ser cristão vai me livrar dos meus hábitos nocivos?

Essa pergunta nos dá uma boa oportunidade de enfatizar uma questão: "Ser cristão" não vai ajudar você em nada, de jeito nenhum. Por outro lado, *Cristo* sempre vai ajudar você em todas as suas lutas para se aproximar dele.

Todo mundo: pecado, a constante humana

Se existe uma afirmação deste livro que você deve guardar, é esta: ser cristão não tem nada a ver com "religião", mas tem tudo a ver com um relacionamento *intensamente pessoal* com Jesus, um relacionamento vibrante, profundamente vibrante. Agora que você sabe disso, vamos dizer que um dos principais efeitos de estar num relacionamento com o Senhor vivo é que, com o passar do tempo, ele o amolda em uma pessoa que age e pensa de uma maneira mais parecida com a de Cristo. Esta é uma parte muito relevante de ser cristão: lentamente esvaecer o *eu* que há em você e acender os holofotes sobre Jesus (ele deseja que você seja o *máximo de você* que consiga ser). Se você tem hábitos ruins que são destrutivos, esses hábitos não são compatíveis com a presença viva de Cristo dentro de você. À medida que ele o muda, retira de você os hábitos que tem hoje que estão comprometendo a plenitude do relacionamento dele com você (veja a pergunta "Tem algo que posso dizer a mim mesmo para sempre me lembrar de como é o relacionamento verdadeiro e apropriado com Deus?", na página 47).

Em outras palavras, o *fato* de você ser cristão não o livra automaticamente dos hábitos nocivos. Mas o *processo* de ser cristão diminuirá seus pecados um pouquinho a cada dia. Tudo o que você precisa fazer é manter os olhos em Deus. Entregue o máximo de sua vida a ele. Continue aumentando a porção de "você" que você entrega à vontade divina. Peça libertação de quaisquer dos seus comportamentos perturbadores. O mais importante: confie que Deus está trabalhando dentro de você, com você e em você para dar nova forma à pessoa que é hoje e fazê-lo ser a pessoa que prefere ser.

Lembre-se: Deus, neste mesmo instante, o está libertando de seus pecados passados, presentes e futuros.

Feliz é o homem que persevera na provação, porque depois de aprovado receberá a coroa da vida, que Deus prometeu aos que o amam (Tiago 1.12).

Se alguém está em Cristo, é nova criação. As coisas antigas já passaram, eis que surgiram coisas novas! (2Coríntios 5.17).

Não sobreveio a vocês tentação que não fosse comum aos homens. E Deus é fiel; ele não permitirá que vocês sejam tentados além do que podem suportar. Mas, quando forem tentados, ele mesmo lhes providenciará um escape, para que o possam suportar (1Coríntios 10.13).

Tudo posso naquele que me fortalece (Filipenses 4.13).

Quando Deus liberta alguém, ele envia um libertador. Por exemplo, ele enviou Moisés em vez de, simplesmente num estalar de dedos, tirar os israelitas da terra do Egito e colocá-los no deserto. Assim, embora Cristo o venha ajudar com seus hábitos, retrocessos e vícios, ele também usará outras pessoas para materializar essa ajuda. Seja qual for sua luta, certifique-se de ficar perto de pessoas que já passaram por isso e que saíram do fundo do poço. Mais do que ter um problema, é um problema ter você. Caso contrário, você simplesmente continuará repetindo os mesmos erros vez após vez, enquanto culpas e vergonhas novas se empilham sobre as culpas e vergonhas antigas.

O que posso fazer quanto à culpa que abrigo por algo errado que fiz?

Sempre que você se sentir culpado por causa de alguma coisa que fez de errado, existem duas dimensões nas quais a culpa deve ser tratada para que você volte a se sentir bem: a celestial e a terrena. Na dimensão celestial, sua transgressão gerou dentro de você uma separação de Jesus, e você precisa cuidar disso: é preciso confessar seu pecado a Deus, arrepender-se, suplicar humildemente que o perdoe de acordo com sua promessa (veja a pergunta "O que é a 'propiciação' de Cristo?", na página 153).

Na dimensão terrena, faça todo o possível para reparar o que for necessário para retomar o mais plenamente possível a harmonia relacional com a pessoa ou pessoas que você prejudicou.

Faça as pazes com Deus, faça as pazes com as pessoas que você feriu — e então você volta ao jogo.

Já examinamos a confissão (veja a pergunta "Por que é importante que os cristãos confessem seus pecados?", na página 146) e o arrependimento (veja a pergunta "Por que o arrependimento é tão importante para mim?", na página 149). São essas coisas que endireitam seu relacionamento com Deus. Consideremos agora seis passos que você deve tomar para se endireitar com a pessoa ou pessoas que ficaram feridas com seu pecado.

I) Assuma a responsabilidade por seus atos

Esse passo parece óbvio, mas é muito fácil se esquivar dele. Com frequência, imediatamente nos ocupamos com os efeitos do erro que cometemos, sem antes pararmos para mergulhar na causa desses efeitos. É tão natural dispersar a atenção para longe do alcance consciente da verdade central de que a iniciativa de causar prejuízos foi *nossa*, do fato de que foi *nossa* a decisão de promulgar negatividade, de que foi *nossa* a disposição de assumir pessoalmente um papel central nas jogadas diabólicas.

Nada de bom nisso. Se você fez alguma coisa errada, é preciso assumir total responsabilidade por isso. Embora haja sempre fatores envolvendo e influenciando tudo o que fazemos, no final é preciso culpar somente nós mesmos por aquilo que a culpa prova ser uma falha moral. Fique com essa verdade durante algum tempo. Deixe-a assentar-se. Como se diz no jogo da psicologia, introjete-a. Não dá para se ocupar limpando a casa enquanto você não sabe com certeza o que está lá dentro.

2) Peça desculpas à pessoa que você feriu

Se a pessoa que você prejudicou ainda faz parte da sua vida e você pode entrar em contato com ela, diga-lhe que

Todo mundo: pecado, a constante humana

tem um assunto a tratar, consiga a atenção dela e, então, de maneira clara e explícita peça desculpas pelo prejuízo que você causou a ela. É aí que você *demonstra* ter assumido a responsabilidade por suas ações. Não modifique nem comprometa a integridade de seu pedido de desculpas. Nada dessa coisa boba de "Sinto muito que você se tenha ofendido". *Realmente* peça desculpas, use uma linguagem sincera e sem ambiguidades.

(Se a pessoa que você prejudicou não está a seu alcance, então peça desculpas *a* ela *por intermédio* de Jesus. Peça que Jesus leve suas orações de arrependimento até ela. Confie que ele fará exatamente isso.)

3) Tome a resolução de nunca mais fazer o que fez

Parte da dinâmica do arrependimento é prometer a si mesmo e a Deus que você nunca mais fará aquilo que deu início a seu arrependimento. Peça a Jesus uma força contínua para mudar permanentemente seu comportamento. Mas também é crucial que você dê um passo e faça sua parte do trabalho nesse desafio que normalmente é gigantesco. Esforce-se para aplicar integralmente suas capacidades mentais e emocionais a fim de compreender os fatores da sua vida ou personalidade que podem ter contribuído para você ter agido como agiu. Você precisará conhecer a origem de sua transgressão para cortar a erva daninha espinhosa de seu comportamento, e também para arrancá-la com raiz e tudo.

Refletir sobre as causas que contribuíram para sua ação danosa e compreendê-las servirá de orientação para você encontrar os meios de assegurar que nunca mais fará o que fez. Seu comportamento errôneo foi típico da sua maneira de reagir ao estresse, ou o resultado infeliz de um conjunto bastante singular de circunstâncias? Evidentemente, a primeira opção apresenta um desafio maior: hábitos destrutivos arraigados — especialmente aqueles desencadeados pelo estresse emocional — sempre são difíceis de romper. Se a causa primária de seu comportamento destrutivo está mais ligada a *você* do que a qualquer outra coisa — se para você é comum reagir aos eventos da sua vida naquele momento ficando bêbado, ficando fisicamente agressivo, ou qualquer outra coisa negativa que tenha feito —, então não hesite em valer-se da ajuda de um profissional para que possa livrar-se desses padrões de reação. Não há motivo para você tentar resolver sozinho problemas desse tamanho.

Voluntariamente submeter-se a aconselhamento por causa de seu comportamento atribulado é uma maneira exemplar de provar para si e para outras pessoas que você considera grave a sua ofensa.

Se seu erro brotou da reação a uma situação diferente e desafiadora para você, então volte à situação e veja se consegue descobrir exatamente o que fez você tropeçar. Alguma coisa naquela situação o tirou da linha, aconteceu algo que o deixou muito incomodado ou mesmo com medo. Isole esse fator.

Todo mundo: pecado, a constante humana

É o *medo* que costuma nos predispor a atacar com agressividade, a ficar hostil, a perder o controle. Seja honesto consigo mesmo sobre qualquer coisa que esteja disparando em você a reação que hoje gostaria de ter evitado. Compreender o que o deixou com medo ou com raiva permitirá que você entenda, para seu próprio bem, qual dinâmica traz à tona o que você tem de melhor. Também permitirá que se desculpe com a pessoa que você ofendeu, de maneira que mostre a ela a profundidade da sua compreensão sobre a natureza de sua ofensa.

4) Faça reparos

Faça algo para provar seu remorso e arrependimento. Ajeite as coisas em termos concretos. Equilibre a balança da justiça. Uma coisa é seu chefe se desculpar com você por nunca reconhecer todo o excelente trabalho que você faz; outra coisa é ele mostrar que sente muito dando a você um aumento.

Você pode perguntar à pessoa prejudicada qual seria uma restituição justa pela ofensa cometida. Não é para agir como se estive pedindo à pessoa que o sentencie por seu crime, mas é útil descobrir o que ela pensa ser justo. Talvez sua esposa diga que um mês de massagem nas costas a ajudaria perdoar você. Um amigo talvez diga que um jantar por sua conta ou uma viagem juntos pode resolver a parada. Basta perguntar. Talvez a pessoa ferida queira apenas que você a deixe em paz. Se for esse o caso, atenda ao pedido rigorosamente. A questão é deixar a outra pessoa participar do processo pelo qual você e ela retomam a harmonia.

Novamente, se a pessoa prejudicada não está a seu alcance, tente adivinhar com o máximo de precisão o que elas estimariam como uma troca justa por aquilo que você fez — e depois certifique-se de *fazer* o que precisa ser feito.

5) Ore pela pessoa que você prejudicou

Ore todos os dias, e ore enquanto sua culpa não for lavada pelo poder curador do Senhor. Peça que ele dê à pessoa todo tipo de alegria e realização. Peça que ele responda a todas as suas orações e seja satisfeita em todas as necessidades. Ore pelas pessoas amadas para que sejam sempre felizes, saudáveis e estejam cercadas de amor.

6) Deixe Jesus perdoar você

Esteja receptivo à graça perdoadora que o Senhor está sempre esperando para conceder àqueles que a pedem. Sente-se, feche os olhos, concentre-se no remorso que sente, e depois imagine Jesus envolvendo-o com seus braços fortes e calorosos. Deixe que ele dê um abraço em você. Deixe que ele o ame.

Deixe que ele o perdoe.

Depois, em união com ele, perdoe-se.

Todo mundo: pecado, a constante humana

Se confessarmos os nossos pecados, ele é fiel e justo para perdoar os nossos pecados e nos purificar de toda injustiça. Se afirmarmos que não temos cometido pecado, fazemos de Deus um mentiroso, e a sua palavra não está em nós (1João 1.9,10).

A tristeza segundo Deus não produz remorso, mas sim um arrependimento que leva à salvação, e a tristeza segundo o mundo produz morte. Vejam o que esta tristeza segundo Deus produziu em vocês: que dedicação, que desculpas, que indignação, que temor, que saudade, que preocupação, que desejo de ver a justiça feita! (2Coríntios 7.10,11).

Deixemos os ensinos elementares a respeito de Cristo e avancemos para a maturidade, sem lançar novamente o fundamento do arrependimento dos atos que conduzem à morte (Hebreus 6.1).

Se você pecar e seguir o caminho que já delineamos, pode oficialmente dar boas vindas à vida cristã. Você está vivendo a vida cristã. E isso surge quando sabemos o que fazer depois de fazer a coisa errada. Continue agindo assim e, gradualmente, você vai adquirir um discernimento mais confiável e penetrante entre o que é certo e o que é errado.

Como identifico se algo que estou fazendo, ou pensando em fazer, é a coisa certa?

Em resumo, a resposta é: você vai descobrir. Sempre é possível determinar quando estamos fazendo algo que não deveríamos fazer: quando passamos dos limites, quando agimos com egoísmo, quando ferimos alguém ou pomos alguém em perigo, quando transgredimos a moral.

Pelo fato de o Espírito do Senhor viver neles, os cristãos são — ou deveriam ser! — extremamente sensíveis a qualquer coisa que façam ou digam que possa de alguma maneira ser prejudicial. Ouça com atenção o Deus que está em seu interior, e ele dirá se algo que você faz ou pensou em fazer o desagrada.

Dito isso, nunca fique com medo de pedir orientação ou conselho de um cristão maduro por quem tem admiração. Afinal, a vida nos apresenta todo tipo de dinâmicas ardilosas e situações confusas, e às vezes não é possível evitar a confusão que nos paralisa. É nesse ponto que precisamos de alguém que nos ajude a desfazer os nós. É uma coisa sábia identificar essas pessoas a quem você pode recorrer quando surgem ocasiões como essas. Um pastor, um diácono, uma pessoa mais velha que está há muito tempo no caminho com Cristo e viu tudo acontecer... pessoas assim podem se mostrar inestimáveis quando você fica cambaleante por causa de como a vida define seu coração e faz sua mente girar. Cultive relacionamentos com cristãos cujo juízo é reconhecidamente equilibrado. Afinal, somos todos conhecidos pela companhia que temos, e pessoas assim evidentemente podem se mostrar inestimáveis quando você se vê precisando de discernimento e conselho espiritualmente sábios (veja a pergunta "Qual é a melhor maneira de compreender os membros 'caídos' da igreja? Como lidar com isso?", na página 135).

Assim, a resposta com as duas partes fica: Você saberá. E, se não souber, pergunte a alguém que sabe.

Todo mundo: pecado, a constante humana

Sabemos que o conhecemos, se obedecemos aos seus mandamentos. Aquele que diz: "Eu o conheço", mas não obedece aos seus mandamentos, é mentiroso, e a verdade não está nele. Mas, se alguém obedece à sua palavra, nele verdadeiramente o amor de Deus está aperfeiçoado. Desta forma sabemos que estamos nele: aquele que afirma que permanece nele, deve andar como ele andou (1João 2.3-6).

Agora lhes pedimos, irmãos, que tenham consideração para com os que se esforçam no trabalho entre vocês, que os lideram no Senhor e os aconselham. Tenham-nos na mais alta estima, com amor, por causa do trabalho deles (1Tessalonicenses 5.12,13).

Se justo agora você sente um "cutucão" para fazer uma ou duas mudanças, cutuque uma dessas pessoas sábias — uma daquelas que se mostrou vez após vez ter um conselho em harmonia com a verdade de Deus e que sabe apresentar essa verdade de maneira amorosa e construtiva, sem ser manipuladora nem controladora. Mas, mesmo com esses cutucões, ainda haverá algumas perguntas simples e cotidianas que continuarão a surgir na vida, perguntas que talvez sejam vagas demais para obter uma resposta direta, mas que não parecem ser problemáticas o suficiente para fazê-las a outra pessoa. Perguntas como... humm... deixe-me pensar em alguma...

O que há de errado ao se vestir de maneira *sexy*?

A maneira adequada de se vestir para sair à rua pode ser uma preocupação bem grande para os cristãos —

especialmente para as moças que, mais do que qualquer outro segmento da sociedade, sentem a pressão de aceitar o padrão da moda e da beleza. Essa pressão tão agressiva e incansável é exercida por uma mídia onipresente e impulsionada por empresas que estão obcecadas com a exploração da sexualidade humana — dá para sentir um pouco de passionalidade nesse assunto?

É uma coisa boa e natural quando uma mulher tem vontade de ficar bonita. E parte de ficar bonita — de fato, a própria *definição* de ficar bonita — é fazer que sua aparência tenha apelo para outras pessoas.

O que tão facilmente dá errado com a moça que tem vontade de ficar bonita — atraente, admirada e evidentemente digna de respeito — é que hoje em dia muito provavelmente uma moça fará a correspondência entre ficar bonita e ser *sexy*. E, em se tratando de aparência — e normalmente de atitude —, é quase impossível fazer que *sexy* tenha outro significado imediato além de "disponível para o sexo". E é assim que um monte de rapazes vai interpretar a aparência *sexy* de uma moça, pois meninos e homens, assim como meninas e mulheres, foram profundamente afetados pela hipersexualização da nossa cultura.

Por causa do grau em que nossa sociedade naturalmente considera as mulheres como pouco mais do que uma propriedade sexual, nenhuma mulher em seu perfeito juízo quer sair à rua sinalizando que está preparada para o sexo. É perigoso demais fazer isso.

Todo mundo: pecado, a constante humana

Como toda mulher cedo ou tarde descobre, vestir-se de maneira *sexy* só tem graça enquanto não aparece nenhum rapaz pegajoso insistentemente se insinuando entre ela e a própria *ideia* de diversão. E normalmente basta apenas que uma mulher dê um sorriso e jogue o cabelo para trás.

Contudo, além do perigo físico e do fator "cara pegajoso", existe outra razão ainda melhor para uma mulher se vestir de maneira atraente em vez de *sexy*. Definitivamente, Deus *não* se agrada quando, em virtude do vestido ou da atitude, uma mulher deixa claro que, primeiramente, prefere ser considerada não como uma pessoa com conteúdo espiritual ou intelectual, mas como algo que não passa de um corpo.

Se você é uma jovem — na verdade, de qualquer idade —, não faça isso a si mesma. Nunca diga ao mundo que você considera seu corpo a coisa mais interessante que tem. Isso desumaniza você, e a delícia do Diabo é desumanizar pessoas. Não facilite infinitamente o trabalho dele voluntariando-se a fazer o que ele sempre está incitando você a fazer.

Faça de um jeito que todas as pessoas — garotas: especialmente os homens! — tratem você como um todo, ou nada feito. Não permita que seu espírito — seu eu eterno, o Espírito Santo em seu interior — se separe do corpo com que Deus a abençoou, o corpo que é morada temporária para esse espírito. Em outras palavras, não permita que ninguém a trate como se você *fosse* antes e principalmente um corpo. É errado alguém tratar você dessa maneira, e certamente não é menos errado você fazer isso a si mesma.

Não se amoldem ao padrão deste mundo, mas transformem-se pela renovação da sua mente, para que sejam capazes de experimentar e comprovar a boa, agradável e perfeita vontade de Deus (Romanos 12.2).

Entre vocês não deve haver nem sequer menção de imoralidade sexual, como também nenhuma espécie de impureza (Efésios 5.3).

SEÇÃO II

DEUS
pelo lado de fora

CAPÍTULO 4

A Bíblia

A Bíblia é o coração e o fundamento da vida cristã. Mas ela não serve de nada se ficar guardada na prateleira. É preciso abri-la, para que ela possa abrir seu coração. A Bíblia é um livro grande, que contém muitos tipos diferentes de escrita e que se estende por milhares de anos. Então vamos nos ocupar aprendendo informações vitais a respeito do livro que, de maneira bem real, guarda todas as informações do mundo.

O que exatamente é a Bíblia?

Essa é uma daquelas perguntas como "O que é o ser humano?" ou "O que é arte?": uma pessoa poderia passar trinta anos respondendo.

Quer saber? Vamos fazer isso. Começando agora, vamos passar trinta anos discutindo sobre a Bíblia.

Arrume uma cadeira bem confortável.

Leve a sério. Desligue o telefone. Você não vai mais precisar dele. E, é claro, terá de pedir demissão do emprego. Por isso, antes de nos ajeitarmos, por que não separa um momento e arruma uma pessoa para alimentar você e pagar suas contas durante os anos que podem ser os últimos da sua vida?

Tudo em ordem?

Brincadeira. Mas não é tão brincadeira assim. Pois a questão é que você estaria sob forte pressão para arrumar uma maneira mais produtiva e recompensadora de gastar a vida que não a de mergulhar na pergunta "O que exatamente é a Bíblia?". Isso sem falar que sua resposta está fadada a continuar carecendo de mais respostas.

Tudo bem. Em resumo — e como você certamente já sabe —, a Bíblia é o livro sagrado dos cristãos. Podemos dizer que a Bíblia *é* o cristianismo impresso e colocado entre duas capas.

O propósito de Deus é comunicar tão plenamente quanto possível duas coisas para nós: sua natureza — a realidade de quem ele é — e a profundidade de seu amor por nós. Com tudo o que ele é e tem, Deus quer que saibamos que ele é amor e que nos ama.

Nunca houve um tempo em que Deus *não* quisesse que todos soubessem dessas duas verdades. Todo o seu propósito em criar os humanos, sua criação mais gloriosa e complexa, é que todos festejemos por conhecê-lo e em saber quanto ele nos ama.

É o que somos, é quem é Deus, é o sistema no qual estamos inseridos.

Bem, a Bíblia é a expressão mais abrangente possível da história e dos meios pelos quais o desejo de Deus de que

A Bíblia

as pessoas o conhecessem e o amassem se cumprisse em tempo real, ao longo de um período muito extenso. Talvez o mais importante seja que a Bíblia também é um guia confiável e uma revelação contínua de como a vontade de Deus permanece se manifestando no coração e na mente de todos que estão vivos ou um dia viverão — quer as pessoas olhem quer não para a verdade contida ali.

Lembre-se: a Bíblia revela a voz, a vontade, a prática e o propósito de Deus. E Deus está em todos os lugares, ele sabe tudo.

E ele certamente conhece você.

E a Bíblia nos foi dada para que possamos conhecer Deus.

Apronte-se! Abra a Bíblia!

Nenhuma época é como a época presente.

Vamos colocar os pés no chão e tratar das coisas básicas.

A Bíblia (do grego *biblos*, que significa "livros") é formada por dois livros: o Antigo Testamento e o Novo Testamento. O Antigo Testamento trata sobre Deus e os israelitas anteriores ao cristianismo, e o Novo Testamento trata sobre Jesus Cristo, o Deus encarnado, que nasceu judeu.

Os dois Testamentos contêm uma diversidade muito grande de coisas que não são históricas, se formos rigorosos: canções, parábolas, poemas, orações, leis, testemunhos, profecias, enigmas, alegorias, biografias, cartas e outras coisas mais — afinal, a Bíblia é um livro enorme, como é de esperar de um livro que contém o coração e a mente de Deus e os expressa.

A Bíblia protestante é formada de 66 "livros" diferentes, de tamanhos variados: 39 no Antigo Testamento, e 27 no Novo Testamento.

Há uma concordância geral de que cerca de 40 escritores diferentes contribuíram para o texto bíblico, desde a época de Moisés (cerca de 1450 a.c.) até não muito depois da morte e ressurreição de Jesus (cerca de 100 d.C.). Nós, cristãos, acreditamos que cada palavra da Bíblia foi escrita sob a inspiração divina do Espírito Santo.

Quase todo o Antigo Testamento foi escrito originariamente em hebraico. Boa parte do Novo Testamento foi escrita originariamente em grego.

Em vez de seguir uma ordem cronológica rígida, os livros da Bíblia estão agrupados em *categorias*. Em ordem de apresentação, as nove categorias de literatura são:

1) Os livros de Moisés e a Lei (Gênesis, Êxodo, Levítico, Números e Deuteronômio)

2) Os livros históricos (Josué, Juízes, Rute, 1 e 2Samuel, 1 e 2Reis, 1 e 2Crônicas, Esdras, Neemias e Ester)

3) Os livros de sabedoria (ou poéticos): (Jó, Salmos, Eclesiastes e Cântico dos Cânticos [ou Cantares de Salomão])

4) Os profetas (Isaías, Jeremias, Lamentações, Ezequiel, Daniel, Oseias, Joel, Amós, Obadias, Jonas, Miqueias, Naum, Habacuque, Sofonias, Ageu, Zacarias e Malaquias)

Depois, no Novo Testamento:

5) Os Evangelhos (Mateus, Marcos, Lucas e João)

A Bíblia

6) *A história da igreja primitiva* (Atos)

7) *As cartas (epístolas) de Paulo*: (Romanos, 1 e 2Coríntios, Gálatas, Efésios, Filipenses, Colossenses, 1 e 2Tessalonicenses, 1 e 2Timóteo, Tito e Filemom)

8) *Outras cartas* (Hebreus, Tiago, 1 e 2Pedro, 1 e 2 e 3João, e Judas)

9) *Revelação* (Apocalipse).

Você provavelmente sabe que a Bíblia é o maior *best-seller* de todos os tempos. O que talvez o deixe surpreso é que a Bíblia é o *best-seller* do ano, de *todos os anos*.

Toda Escritura é inspirada por Deus e útil para o ensino, para a repreensão, para a correção e para a instrução na justiça, para que o homem de Deus seja apto e plenamente preparado para toda boa obra (2Timóteo 3.16,17).

Quando você carrega uma Bíblia, não está andando por aí com um livro. Você está transportando uma biblioteca inteira de sabedoria e de maravilhas. E, quanto à dúvida sobre como é que se acha algo na biblioteca de Deus, você descobrirá com agrado que não é assim tão difícil de descobrir.

A que exatamente se referem citações como Mateus 1.20,21?

Essa passagem em particular se refere ao evangelho de Mateus, capítulo 1, versículos 20 e 21. A referência das passagens bíblicas ou dos versículos sempre é escrita desta forma: primeiro o nome do livro — Marcos, Tito, Atos, Números, Zacarias, Provérbios etc. —, depois um espaço, depois o capítulo do livro e então, se for necessário, um ponto seguido do versículo ou versículos pertinentes àquele capítulo. Por exemplo, "Lucas 4.15-30" representa o evangelho de Lucas, capítulo 4, versículos de 15 a 30; "João 1" representa todo o primeiro capítulo do evangelho de João; "2Samuel 7—12" representa o segundo livro de Samuel, do capítulo 7 ao 12, "Jó 1.7" representa o livro de Jó, capítulo 1, versículo 7. Perfeito para manter todo mundo olhando a mesma passagem, diga-se.

A Bíblia não foi originariamente escrita com essa marcação. Naquela época nem havia *espaços* entre cada livro, e *todas* as letras eram maiúsculas! De lá para cá, umas pessoas brilhantes decidiram fazer anotações para os capítulos e os versículos a fim de que cada bocado de verdade tivesse um endereço próprio. Qualquer que seja o ponto de vista, esse foi um enorme favor para todos nós.

O que é o Antigo Testamento?

O Antigo Testamento é para os judeus aquilo que o Antigo e o Novo Testamentos são para os cristãos: a Bíblia. De fato, o Antigo Testamento é conhecido como a Bíblia hebraica. Os judeus, com exceção dos "judeus messiânicos", não reconhecem o Novo Testamento como

A Bíblia

Escritura Sagrada, porque não reconhecem Jesus como Messias, cuja aparição eles ainda esperam. Escrito entre cerca de 1450 e 400 a.c., o Antigo Testamento conta a história do desdobrar da aliança que Deus fez com o povo hebreu, ao qual ele escolheu especial e especificamente se revelar — por isso, os judeus são conhecidos como o "povo escolhido".

Diferente das quatro divisões do Antigo Testamento familiares à maioria dos protestantes — Lei, História, Sabedoria e Profetas — os judeus dividem o Antigo Testamento em três seções. Eles frequentemente se referem à Bíblia hebraica como o *Tanakh* (com frequência escreve-se TaNaKh), um acrônimo formado pelas primeiras letras das palavras hebraicas para as três divisões: *Torah* (Lei, ou Instrução), *Nevi'im* (Profetas) e *Ketuvim* (Escritos, ou Salmos). Dentre as seções, os judeus têm mais apreço pelos cinco primeiros livros, que, como acreditam, são as palavras diretas de Deus entregues por meio de Moisés e escritas por ele. A maior parte da lei religiosa deriva diretamente da *Torah*.

A boa notícia é que, ao contrário dos primeiros hebreus, não se exige que memorizemos a Bíblia toda. Ufa! Mas foi assim que muitos israelitas e judeus a transmitiram de uma geração para a seguinte. E se você nunca leu muita coisa do Antigo Testamento, bem, talvez seja melhor evitar Levítico por um tempo e começar com algumas das grandiosas histórias que são a herança da sua fé.

Sendo cristão, preciso me importar com o Antigo Testamento?

Só se você quiser se importar com algo que arrebatava o próprio Jesus. Jesus se importava tanto com o Antigo Testamento — ao qual ele sempre se referia e do qual ele derivou de maneira explícita a essência de seu ensino — pelos mesmos motivos que uma pessoa se importa tanto com sua história pessoal. O Antigo Testamento é a história de Deus antes de ele vir até nós na pessoa de Jesus. É o solo de onde Jesus brotou. Suas raízes genealógicas, sociais, culturais e teológicas estão emaranhadas nele.

Em larga medida — de certa maneira, pode-se dizer principalmente —, o Antigo Testamento trata da vinda futura do Messias. A extraordinária afirmação de Jesus — o milagre de sua própria vida — é que ele *é* o Messias em todas as passagens que predisseram seu aparecimento ao longo de tantos séculos. Ele sabia que era o cumprimento das profecias transmitidas aos profetas judeus.

O Antigo Testamento é uma história que encontra seu clímax na pessoa de Jesus.

Sim, todo cristão deve se importar, e muito, com o Antigo Testamento, do mesmo modo que uma pessoa naturalmente está motivada a saber tudo o que for possível a respeito do passado de alguém a quem ama. Se você encontrasse uma caixa contendo uma porção de informações sobre o histórico de seu pai — cartas que ele escreveu, histórias, poemas e canções que outros compuseram sobre ele,

A Bíblia

fotografias de lugares onde ele esteve, pessoas que ele conheceu, obras de arte que ele criou —, não mergulharia nesses registros sem parar até ter lido e estudado tudo? Se você ama Jesus, então deve sentir-se atraído pelo Antigo Testamento, assim como gostaria de fazer com aquela caixa contendo a história do seu pai. No mais real dos sentidos, esse *é* um livro a respeito da história do seu pai. Como exemplo do grau em que o Novo Testamento constantemente se refere ao Antigo, seguem algumas passagens dos primeiros capítulos do evangelho de Mateus. Observe em que grau a vida de Jesus está entrelaçada com o Deus do Antigo Testamento.

Mateus 1.20-23

Apareceu-lhe um anjo do Senhor em sonho e disse: "José, filho de Davi, não tema receber Maria como sua esposa, pois o que nela foi gerado procede do Espírito Santo. Ela dará à luz um filho, e você deverá dar-lhe o nome de Jesus, porque ele salvará o seu povo dos seus pecados".

Tudo isso aconteceu para que se cumprisse o que o Senhor dissera pelo profeta [Isaías, profeta do Antigo Testamento, em Isaías 7.14]: "A virgem ficará grávida e dará à luz um filho, e lhe chamarão Emanuel", que significa "Deus conosco".

Mateus 2.4-6

Tendo [o rei Herodes] reunido todos os chefes dos sacerdotes do povo e os mestres da lei, perguntou-lhes onde deveria nascer o Cristo. Eles responderam: "Em Belém da Judeia; pois assim escreveu o profeta:

" 'Mas tu, Belém, da terra de Judá, de forma alguma és menor entre as principais cidades de Judá; pois de ti virá o líder que, como pastor, conduzirá Israel, meu povo' ".

Mateus 2.13-18
Um anjo do Senhor apareceu a José em sonho e lhe disse: "Levante-se, tome o menino e sua mãe, e fuja para o Egito. Fique lá até que eu lhe diga, pois Herodes vai procurar o menino para matá-lo". Então ele se levantou, tomou o menino e sua mãe durante a noite, e partiu para o Egito, onde ficou até a morte de Herodes. E assim se cumpriu o que o Senhor tinha dito pelo profeta [Oseias, em Oseias 11.1]: "Do Egito chamei o meu filho".

Quando Herodes percebeu que havia sido enganado pelos magos, ficou furioso e ordenou que matassem todos os meninos de dois anos para baixo, em Belém e nas proximidades, de acordo com a informação que havia obtido dos magos. Então se cumpriu o que fora dito pelo profeta Jeremias: "Ouviu-se uma voz em Ramá, choro e grande lamentação; é Raquel que chora por seus filhos e recusa ser consolada, porque já não existem".

Essas passagens, tiradas da primeira parte do primeiro livro do Novo Testamento, são tão formidáveis quanto é possível ser, já que ilustram o que faz da Bíblia uma criação miraculosa: embora sejam 66 livros escritos por 40 ou mais pessoas ao longo de cerca de quinze séculos, pode-se demonstrar que é *um só* livro, impulsionado por um só propósito, que se dirige a um só objetivo, por um só Espírito. Essas passagens mostram que Jesus cumpriu as profecias proferidas por Isaías, Miqueias, Oseias e Jeremias. E isso é *só um gostinho* das impressionantes

A Bíblia

revelações sobre Cristo que se podem compilar do Antigo Testamento usando a familiaridade com o Novo. Sim, você deve se interessar pelo Antigo Testamento. Sim, sim, sim, sim, sim.

E [Jesus] disse-lhes: "Foi isso que eu lhes falei enquanto ainda estava com vocês: Era necessário que se cumprisse tudo o que a meu respeito está escrito na Lei de Moisés, nos Profetas e nos Salmos" (Lucas 24.44).

"Não pensem que vim abolir a Lei ou os Profetas [do Antigo Testamento]; não vim abolir, mas cumprir" (Mateus 5.17).

Um dos grandes conselhos do Antigo Testamento é: "Os sábios acumulam conhecimento, mas a boca do insensato é um convite à ruína" (Provérbios 10.14). Ai! Muitos de nós temos vivido essa verdade sempre e sempre. O melhor jeito de vivê-la cada vez menos? *Mergulhe na sabedoria do Antigo Testamento*. Lá você encontrará personagens inesquecíveis, que repetidamente provam que a verdade *é* mais estranha que a ficção.

Quais são algumas das principais personagens do Antigo Testamento?

Aí vai.

Deus

Criou o Universo. Bastante famoso. Está de olho em você neste exato momento. Lá atrás, ele decidiu se revelar e ter grande envolvimento na vida dos israelitas. Sendo um povo — quer dizer, sendo orgulhosos e obstinados —, os israelitas tendiam a uma mescla de sentimentos em relação a isso.

Adão

O nome vem de uma palavra em hebraico que significa "homem". Ele quis eximir-se de culpa por ter comido o fruto proibido, dizendo que Eva o havia levado a comê-lo (veja a pergunta "O que é 'pecado original'?", na página 141). Frase conhecida: "Foi a mulher que me deste por companheira que me deu do fruto da árvore, e eu comi" (Gênesis 3.12).

Eva

O nome significa "aquela que concede vida". Foi induzida por Satanás a comer o fruto proibido e convenceu Adão a fazer o mesmo. Frase conhecida: "A serpente me enganou, e eu comi" (Gênesis 3.13).

Satanás

Culpado! Eternamente! Precisa ser banido de uma vez por todas, já. A primeira das duas grandes aparições no Antigo Testamento foi no jardim do Éden (passagem infame em Gênesis 3.4,5, explicando para Eva porque é perfeitamente aceitável ela comer o fruto que Deus proibira

A Bíblia

aos dois: "[Vocês] Certamente não morrerão! Deus sabe que, no dia em que dele comerem, seus olhos se abrirão, e vocês, como Deus, serão conhecedores do bem e do mal". Que mentiroso e vil!). A segunda aparição no Antigo Testamento foi quando o Tinhoso apostou com Deus que acabaria com Jó (em Jó 1.7, a resposta de Satanás quando Deus lhe perguntou de onde ele tinha vindo foi: "De perambular pela terra e andar por ela").

Caim

O primeiro filho de Adão e Eva. Matou Abel, seu irmão mais novo. Frase conhecida: "Sou eu o responsável por meu irmão?" (em Gênesis 4.9, Deus perguntou onde Abel estava).

Abel

Parece ter sido um cara legal. Certamente merecia um destino melhor do que ser atraído até um campo e depois ser surrado até a morte por seu próprio irmão.

Noé

Começou bastante ocupado construindo sua arca e deve ter sofrido muita gozação. Depois? Nem tanto. Famoso, há uma passagem que resume bem quem era Noé: "E Noé fez tudo como o SENHOR lhe tinha ordenado" (Gênesis 7.5).

Abraão

Patriarca dos hebreus. Deus estabeleceu sua aliança — ou seja, fez uma promessa sagrada — com futuros descendentes de Abraão quando disse a ele (em Gênesis 17.6-8): "Eu o tornarei extremamente prolífero; de você farei nações e de você procederão reis. Estabelecerei a minha aliança como aliança eterna entre mim e você e os seus futuros descendentes. Toda a terra de Canaã, onde agora você é estrangeiro, darei como propriedade perpétua a você e a seus descendentes; e serei o Deus deles". Esse é o começo de um longo processo pelo qual o homem antes chamado Abrão tornou-se "patriarca Abraão". A frase conhecida é dirigida a Isaque, seu filho amado, quando estava prestes a sacrificá-lo em obediência à ordem de Deus. Quando Isaque perguntou onde estava o cordeiro que seria sacrificado, a resposta com sofrimento profundo foi: "Deus mesmo há de prover o cordeiro para o holocausto, meu filho" (Gênesis 22.8).

Sara

Esposa de Abraão. Soldado de extrema durabilidade. Frase conhecida — quando ouviu Deus dizendo que ela, uma mulher idosa, ficaria grávida —: "Depois de já estar velha e meu senhor idoso, ainda terei este prazer?" (Gênesis 18.12).

Isaque

Filho único de Abraão e Sara, o segundo membro — junto com seu pai, Abraão, e seu filho, Jacó — do triunvirato de patriarcas israelitas. Os descendentes de Isaque tornaram-se os judeus. Citação famosa a seu respeito, dita por Deus a Abraão: "Sara, sua mulher, lhe dará um filho, e você lhe chamará Isaque. Com ele estabelecerei a minha aliança eterna para os seus futuros descendentes" (Gênesis 17.19).

Ismael

Filho de Abraão e Hagar, uma das servas de Sara — se a informação ajuda, ela, ainda estéril, mandou Abraão se deitar com Hagar. Os descendentes de Ismael tornaram-se os árabes: "Do filho da escrava farei um povo", Deus disse a Abraão, "pois ele é seu descendente" (Gênesis 21.13). Que esses três remontem suas raízes ancestrais diretamente a Abraão é o motivo de o judaísmo, o cristianismo e o islamismo serem considerados religiões "abraâmicas". O porquê de essas religiões tão intimamente ligadas terem dificuldades de convivência é assunto para outro livro *bem* maior do que este.

Rebeca

A esposa de Isaque, que era "muito bonita" (Gênesis 24.16). Foi por meio de 12 doze netos — os 12 filhos de seu filho Jacó — que as 12 tribos de Israel foram estabelecidas. Assim, ela é a cabeça matriarcal de todo o Israel e um ancestral em linha direta de Jesus Cristo.

Esaú

Primogênito dos dois filhos de Isaque e Rebeca. Grande, peludo, fazia o tipo caçador. Trocou seu direito de filho primogênito por um ensopado e pão, dando-o a seu irmão Jacó, só um pouquinho mais novo. Provavelmente, não era lá muito inteligente. Frase famosa — e não, não estamos brincando —: "Rapaz, estou que não aguento! Dê-me um pouco desse cozinhado vermelho!" (Gênesis 25.30, *BV*).

Jacó

O segundo dos gêmeos de Isaque e Rebeca. Claramente muito inteligente e, quando era jovem, inegavelmente sorrateiro. O terceiro dos patriarcas de Israel. Pai de 12 filhos — Rúben, Simeão, Levi, Judá, Zebulom, Issacar, Dã, Gade, Aser, Naftali, José e Benjamim — que geraram as 12 tribos. Conhecido por um sonho no qual havia uma escada celestial e por de fato *ter lutado* com Deus. Deus mudou seu nome de Jacó para Israel, que significa "aquele que luta com Deus" — nenhuma surpresa. O novo nome indica a façanha que foi sua luta e também a história tumultuada da nação de Israel, ainda por nascer. Frase famosa — em resposta ao pedido de Esaú, anteriormente mencionado —: "Venda-me primeiro seu direito de filho mais velho" (Gênesis 25.31).

Raquel

Esposa de Jacó. Tinha um encanto inspirador ("Quando Jacó viu Raquel [...], removeu a pedra da boca do poço", e isso sem ajuda! [Gênesis 29.10]). Irmã mais nova de Lia, que também era esposa de Jacó. Isso por causa da trapaça de Labão, o pai delas, e sem mencionar que a cultura da época aceitava a poligamia (por falar nisso, de que tipo de editor você gostaria para verter o Antigo Testamento em histórias infantis?).

José

O senhor Túnica Multicor. Décimo primeiro dos 12 filhos de Jacó. Seus irmãos o venderam como escravo. Seu belo corpo e rosto bonito (v. Gênesis 39.6) acabou jogando-o na prisão, graças à esposa libidinosa de seu poderoso senhor. Uma capacidade singular de interpretar sonhos acabou por angariar-lhe um emprego como o segundo homem mais poderoso do Egito. A famosa frase dramática, dita a seus irmãos, que nem faziam ideia de quem era o grão-vizir do faraó: "Eu sou José, seu irmão, aquele que vocês venderam ao Egito!" (os irmãos tinham vindo de muito longe para implorar por suprimentos no Egito). Imagine a surpresa! A história de José e seus irmãos está entre as que mais prendem o leitor, que não consegue parar de lê-la.

Moisés

É fácil mostrar que é *a* figura mais proeminente do Antigo Testamento. Um hebreu que, depois de uma série extraordinária de acontecimentos, foi criado no palácio real do Egito. Ele matou um egípcio, teve um encontro com Deus na famosa sarça ardente, orquestrou as dez pragas, conduziu os israelitas da escravidão para o deserto do Sinai e, com um bastão levantado, dividiu o mar Vermelho. Foi Moisés que, no monte Sinai, recebeu de Deus os Dez Mandamentos. A tradição afirma que Moisés também escreveu os cinco primeiros livros do Antigo Testamento (veja a pergunta "O que é o Antigo Testamento?", na página 196). Tanto quanto qualquer outro aspecto, a humanidade palpável de Moisés — seus medos, dúvidas, inseguranças, reações — faz dele uma personagem inspiradora e memorável. De fato, no livro de Números, Moisés é descrito como "um homem muito paciente, mais do que qualquer outro que havia na terra" (Números 12.3). Frase famosa, dita ao faraó: "Assim diz o SENHOR, o Deus dos hebreus: Deixe o meu povo ir" (Êxodo 9.1).

Josué

Moisés prometeu Canaã aos israelitas. Como comandante do exército de Deus, Josué cumpriu essa promessa. Um líder militar fenomenal: seis nações e 31 reis (sem mencionar a cidade fortificada de Jericó) caíram diante dele. Passou quarenta anos como aprendiz e braço direito de Moisés. Antes de os israelitas entrarem na terra, Moisés enviou Josué e outros 11 espias para fazer o reconhecimento da terra prometida. Dez deles voltaram dizendo que a situação era desesperadora ("Não podemos atacar aquele povo; é mais forte do que nós" [Números 13.31]). E quanto a Josué e seu colega Calebe? "Não tenham medo do povo da terra", eles disseram, "porque nós os devoraremos como se fossem pão" (Números 14.9). E... nossa! Eles devoraram mesmo!

Rute

Largada no mundo por causa da morte do marido e dos filhos, uma judia idosa chamada Noemi decidiu sair da terra de Moabe e voltar para Belém, sua cidade natal. Rute, sua nora gentia, recusando-se a deixá-la, acompanhou Noemi em seu retorno e ficou com ela. Embora agora fosse uma estrangeira em terra estrangeira, Rute foi sozinha aos campos do rico Boaz para catar as sobras de grãos e assim impedir que ela e Noemi morressem de fome. No desenrolar de uma das mais encantadoras histórias românticas da Bíblia, ela acaba por se casar com Boaz, dando a ele, como filha, Obede, o avô de Davi, de quem Cristo descende. Frase famosa dita a Noemi: "Aonde fores irei, onde ficares ficarei! O teu povo será o meu povo e o teu Deus será o meu Deus!" (Rute 1.16).

Sansão

Grande! Forte como Hércules! Juiz de Israel — "líder", como aparece no livro de Juízes — durante vinte anos. Certa vez, rasgou um leão ao meio com as próprias mãos. Um brutamonte brilhante, que matou mil filisteus — que naquela época dominavam Israel — usando a mandíbula de um jumento. Cometeu o erro de se apaixonar por Dalila, uma filisteia. Dalila cortou seu cabelo, que era a fonte de sua força. Os filisteus o prenderam, o algemaram e o levaram para seu templo a fim de se divertirem com ele. Ele derrubou o templo empurrando suas colunas, matando assim a si mesmo e milhares de filisteus. Frase famosa, dita a Dalila: "Se fosse rapado o cabelo da minha cabeça, a minha força se afastaria de mim, e eu ficaria tão fraco quanto qualquer outro homem" (Juízes 16.17). Outra frase famosa que ele disse, dirigindo aos céus, enquanto empurrava as colunas: "Que eu morra com os filisteus!" (Juízes 16.30). Não tinha nada de sutilezas, mas era um tremendo herói.

Saul

Primeiro rei da nação israelita. Líder militar vigoroso. Acabou ficando com extremo ciúme de Davi, que era jovem, bonito, completo, atlético e matador de gigantes. O cântico das mulheres de Israel não ajudou muito: "Saul matou milhares, e Davi dezenas de milhares" (1Samuel 18.7). Por causa disso, num dia em que Davi tocava harpa para ele, Saul tentou matá-lo atirando lanças na direção dele. A mais trágica das figuras. Morreu em batalha, suicidando-se. Uma frase bem chocante, quando define a moeda de troca para se casar com Mical, sua filha: "O rei não quer outro preço pela noiva além de cem prepúcios de filisteus" (1Samuel 18.25). E você achava que um decente anel de noivado era caro.

Davi

Segundo rei de Israel, a figura mais importante do Antigo Testamento depois de Moisés. Uniu as 12 tribos de Israel em uma nação cada vez mais influente. Sua vida inacreditavelmente rica recebe um registro mais longo do que qualquer outra no Antigo Testamento. Os pontos altos incluem: matou Golias, o temido gigante filisteu; teve uma amizade extremamente íntima com Jônatas, o filho de Saul; viveu durante um tempo como um Robin Hood do deserto; duas vezes optou por não matar Saul, embora Saul ainda estivesse tentando matá-lo; capturou Jerusalém e fez dela a capital de seu novo império; criou um harém tirando as esposas dos grupos conquistados em todo o reino; engravidou e Bate-Seba, ordenou o assassinato de seu marido e casou com ela; quase foi tirado do trono por Absalão; e nomeou Salomão como sucessor, o segundo filho que teve com Bate-Seba. Quanto a Absalão, a frase famosa é: "Ah, meu filho Absalão! Meu filho, meu filho Absalão! Quem me dera ter morrido em seu lugar!" (2Samuel 18.33).

Como mencionamos, a linhagem de Jesus remonta diretamente a Davi. Na Bíblia, o Senhor é comumente tratado como "filho de Davi". De fato, Davi, sendo rei-sacerdote-profeta, é tradicionalmente considerado uma prefiguração de Cristo. Ele recebe o crédito por haver escrito muitos dos salmos, e, embora seja impossível escolher apenas uma frase famosa — que fazer se ele escreveu os *salmos messiânicos* e tudo o mais —, definitivamente algo estrondoso foi o que ele clamou enquanto lamentava a morte de Jônatas e Saul: "Como caíram os guerreiros" (2Samuel 1.19).

Salomão

Terceiro rei de Israel. Supervisionou o período mais grandioso da nação. Famoso por ser rico (ele possuía 12 mil cavalos e 1.400 carros: "rico como Salomão" é um apelido nada inofensivo); rei poderoso (seu reino se estendia desde o rio Eufrates, no Norte, até o Egito, no Sul) era dedicado (construiu um templo sagrado extremamente luxuoso em Jerusalém); e era sábio (na Bíblia, foi autor de Cântico dos Cânticos, a maior parte de Provérbios e Eclesiastes). A queda de Salomão por mulheres estrangeiras e os deuses que elas adoravam e suas extravagâncias que dilapidavam o tesouro e sugavam os impostos armaram o palco para a ruína de Israel sob o reinado de Roboão, seu filho.

Elias

Supremamente importante, esse profeta do século IX a.C., tinha um nome que significava "meu Deus é Javé". Sua vida foi longa e complexa demais para fazermos um resumo eloquente. Contudo, no decorrer de sua história, Elias foi um escarnecedor de deuses malignos, profeta

A Bíblia

da destruição, gostava muito de corvos, era um mendigo enviado pelos céus, fazia surgir comida miraculosamente, levantava mortos, entrava em competições dramáticas entre deuses rivais, matava profetas que serviam a Baal, previu chuvas torrenciais, perambulava sozinho e deprimido, ungia reis, ordenava raios fatais, abria as águas, e foi elevado aos céus por um redemoinho em uma carruagem puxada por cavalos de fogo. E isso é apenas no Antigo Testamento! Sua história é contada nos livros dos Reis. Uma figura ainda tão relevante nos tempos do Novo Testamento que algumas pessoas pensavam que Jesus, ou João Batista, *era* Elias. E, quando Jesus levou Pedro, Tiago e João a uma montanha, para de uma vez por todas mostrar a eles que era Deus, quem você acha que eles viram conversando com Jesus na visão deslumbrante que se descortinava diante deles? Moisés e Elias, os próprios. Sendo bem claramente o profeta número um do Antigo Testamento, Elias disse muitas coisas memoráveis. Uma delas definitivamente foi: "Se o SENHOR é Deus, sigam-no; mas, se Baal é Deus, sigam-no" (1Reis 18.21). Isso é tipicamente algo que as pessoas levaram muito a sério na época em que Elias disse, ou mais tarde desejaram desesperadamente que tivessem levado a sério.

Ester

Uma moça judia, órfã, que vivia entre o povo exilado na antiga Pérsia. Era tão bonita, charmosa e inteligente que acabou sendo escolhida como rainha do rei Xerxes. Usando pura força de caráter, ela reverteu o plano malévolo de Hamã, o primeiro ministro do rei, de massacrar todos os judeus do império. Em vez disso, foi o próprio conspirador que caiu em desgraça: ele foi sentenciado e executado. Demais! Frase famosa: "Como suportarei ver a desgraça que cairá sobre meu povo? Como suportarei a destruição da minha própria família?" (Ester 8.6).

Jó

Personagem que dá o título a uma das mais grandiosas narrativas da literatura mundial. Tornou-se objeto de uma aposta entre Satanás e Deus a respeito da fidelidade humana ao Criador. Isso que é um teste difícil! O corpo de Jó ficou coberto de úlceras dolorosas, todos os seus filhos foram mortos, sua casa e fortuna foram destruídas. Em tudo isso, ele se recusou a amaldiçoar Deus, embora certamente o tenha questionado. No fim, Deus demonstrou seu agrado pela lealdade inabalável de Jó com grande abundância. Uma das frases famosas de Jó: "O homem nascido de mulher vive pouco tempo e passa por muitas dificuldades. Brota como a flor e murcha. Vai-se como a sombra passageira; não dura muito" (Jó 14.1,2).

Aí estão apenas alguns dos atores principais nesta história magnificamente rica. E estas são apenas *algumas* das personagens interessantes que surgem na *primeira metade* do Antigo Testamento! Existem livros inteiros que não discutimos, nem mesmo uma única personagem!

Depois de Jó, aparece o enormemente extraordinário livro de Salmos, seguido da profundidade infinita — e impressionante praticidade — de Provérbios e Eclesiastes. Depois vem o Cântico dos Cânticos, que tem feito os românticos desfalecerem quase desde quando inventaram esse negócio de dar as mãos, de ficar corado de vergonha e usar anel de compromisso. *Depois* vêm aqueles que, em certo sentido, representam o clímax do Antigo Testamento: os profetas. Isaías, Jeremias, Daniel, Oseias, Joel... e *mais dez* desses visionários divinos depois daqueles.

O Antigo Testamento é uma leitura absolutamente obrigatória? É difícil imaginar, ainda que por um momento, que essa dúvida tenha desviado por tanto tempo a atenção de tanta gente, como se a leitura não fosse obrigatória.

Naturalmente, a pergunta seguinte é: "Quais são algumas das personagens principais do Novo Testamento?". Por que fazer essa pergunta é parecido com fazer a pergunta: "Por que é tão divertido dirigir um avião?"

Por que é pergunta errada. Não se dirige um avião; aviões são pilotados. É possível dirigir um avião. Todo mundo sabe o que é taxiar um avião na pista de decolagem, mas ninguém fala assim na hora de, digamos, dirigir em uma estrada — apesar de que seria divertido tomar conta de todas as pistas! O mais importante a respeito dos aviões é que podemos usá-los para nos elevar bem acima de tudo.

Assim como falar sobre dirigir um avião automaticamente o desvia do propósito de um avião, perguntar a respeito das pessoas mais importantes do Novo Testamento o desvia do fator mais determinante: só existe um, Jesus Cristo. Perguntar a respeito de *outras* personagens é como visitar um aquário exibindo uma baleia azul nadando em um tanque do tamanho do Maracanã e perguntar a um segurança: "E qual é a atração principal deste lugar?". O segurança, depois de conseguir parar de dar risada", *indicará* para você a baleia azul.

E Jesus, como você certamente sabe, é a baleia azul no aquário do Novo Testamento.

Isso não significa que Jesus é a única pessoa no Novo Testamento. Existe todo tipo de pessoa: cobradores de impostos, prostitutas, reis, mendigos, discípulos, criminosos, pedantes, pedantes odiosos, pedantes *extremamente* odiosos, crianças, homens loucos, multidões famintas, cegos, aleijados, pessoas que já tinham morrido, pessoas que não "captam" Jesus, pessoas que captam Jesus, e pessoas que *realmente* conseguiram captar Jesus — uma vez que Jesus as transformou de cadáveres em pessoas com vida. Todas as pessoas do Novo Testamento que *não são* Jesus só estão no livro por causa do relacionamento que têm com ele.

Jesus é como um mastro enfeitado em torno do qual todas as pessoas dançam.

O Antigo Testamento trata do papel que as lutas e os triunfos das pessoas tiveram na longa jornada através da História, que se move para o momento em que o Deus Messias viria à terra. E então, no Novo Testamento, *chegamos* a esse momento!
Aí está ele!
Deus feito homem!
Bem aqui na terra!
É de deixar o queixo caído.
O Antigo Testamento é a trilha que segue a trajetória dos fogos de artifício recém-lançados à medida que disparam em direção ao céu da noite. O Novo Testamento é o momento em que em meio às trevas explode uma luz deslumbrante.
O Antigo Testamento é o céu.
O Novo Testamento é o Sol.
E por falar no Sol... talvez você esteja se perguntando quanto tempo se passou entre o fim do Antigo Testamento e o começo do Novo Testamento. Se for o caso, está aí a próxima pergunta.

Quanto tempo se passou entre os Testamentos?

Conhecido como período intertestamentário e comumente mencionado como "os anos de silêncio", o período entre o Antigo e o Novo Testamentos durou cerca de quatrocentos anos — aliás, essa janela de tempo foi *tudo*, menos silenciosa. Sabe como nos tempos modernos o

Oriente Médio tende a ser uma região de considerável dinamismo, fermentação e mudança? Pois bem, *sempre* foi assim naquela região. O fascinante a respeito dos acontecimentos políticos, religiosos e sociais dos "anos de silêncio" na terra santa, e nos territórios adjacentes, é a perfeição com que eles prepararam o palco da História para o surgimento de Jesus Cristo, o rei de uma nova ordem para céus e terra.

Quatrocentos anos é muito tempo para ficar em silêncio, mas, como se sabe, nosso Deus atemporal sempre teve todo o tempo do mundo. E agora examinaremos uns termos bem pomposos.

O que é o Pentateuco?

É um nome antigo dado à *Torah* (veja a pergunta "O que é o Antigo Testamento?", na página 196). *Pentateuco* vem da palavra grega que significa "cinco invólucros", uma referência às cinco caixas ou estojos em que originariamente se guardavam os rolos da *Torah*.

Eu sei. Bem que eles poderiam ter arrumado só um nome para tudo, mas é o que acontece quando um grupo de intelectuais toma conta das Escrituras. Veja em seguida outro nome que eles inventaram.

O que é a *Septuaginta*?

A Bíblia na forma que a temos hoje não foi simplesmente entregue ao homem por Deus. As pessoas tiveram

A Bíblia

de decidir quais livros entrariam, e quais não entrariam, no *cânon* (coletânea oficial de textos) bíblico. Entre as mais importantes, estão 72 eruditos que, de acordo com a tradição, se juntaram em 250 a.c. na cidade de Alexandria, no Egito — naquela época, um dos grandes centros mundiais da erudição —, a fim de traduzir o Pentateuco do hebraico original para o grego.

(O motivo pelo qual Ptolomeu, o dominador grego do Egito, pediu a tradução foi que, naquela época, um número muito reduzido de judeus em todo o enorme Império Grego falava hebraico. "Vale a pena traduzir as leis dos judeus", é a frase atribuída a Demétrio, membro da renomada Biblioteca Real de Alexandria, dita a Ptolomeu. "Mas elas precisam ser traduzidas, pois no país dos judeus se usa um alfabeto peculiar". Presume-se que Ptolomeu reagiu com "Isso é ótimo, vamos traduzir a lei").

O livro resultante — que levou pelo menos cem anos para ser traduzido e acabou incluindo todo o Antigo Testamento — é conhecido como a *Septuaginta* (do latim para "setenta", por causa dos setenta e poucos eruditos que começaram o trabalho. Também é conhecido como "LXX", o número romano para setenta). A *Septuaginta* funcionou como um pivô na história do cristianismo, pois rapidamente tornou-se *o* Antigo Testamento em todo o Império Grego e em todo o Império Romano. Além disso, mostrou a Bíblia — e, com ela, a ideia de que o Messias pode estar no futuro de *todas* as pessoas — para o mundo não judeu.

Na época de Cristo, a *Septuaginta* era aceita como a tradução da Bíblia hebraica, verdadeiramente autorizada e entregue por Deus. Os autores do Novo Testamento dependeram quase exclusivamente dela para as citações que fizeram do Antigo Testamento.

Quando você tem uma Bíblia em mãos, está segurando o resultado direto de um trabalho feito há bem mais que dois mil anos por eruditos de destaque que se esforçaram para traduzir a língua de Deus para a língua dos homens. Isso aconteceu na ilha de Faros, margeando o litoral egípcio, em um complexo acadêmico que continha o farol de Alexandria, uma das sete maravilhas do mundo antigo — cuja luz, diz a lenda, era tão brilhante que poderia queimar navios inimigos antes de eles atingirem o litoral.

Desde então, os primeiros cinco livros da Bíblia foram reunidos, e as pessoas (principalmente homens) decidiram sobre o que era ou não parte das Sagradas Escrituras. Assim, não estranho o fato de que a Bíblia, como a conhecemos hoje, não ter sido despachada por Sedex em uma caixa vinda do céu. *Jesus fazia repetidas referências a essas Escrituras.* Além disso, a boa notícia é que tudo na Bíblia é coerente com o conjunto do livro. Caso contrário, um montão de pessoas brilhantes, literalmente — eu sei que elas são cristãs — não se sentiriam tão comovidas nem convencidas por ela. Mas, pelo fato de ser a Palavra de Deus, ela não insulta a inteligência nem mesmo da pessoa mais inteligente do mundo. Fim do comercial. Próxima pergunta!

O que é a *Vulgata*?

Lá pelo começo do século IV d.C., estavam em circulação em toda a Igreja cristã, na Europa e no norte da Africa, inúmeras versões da Bíblia traduzida para o latim, que, naquela época, era a língua mais falada do Império Romano. Jerônimo — conhecido hoje como São Jerônimo — foi o gênio linguístico que recebeu do papa Dâmaso a tarefa de fazer a tradução *definitiva* da Bíblia. Jerônimo ocupou-se no esforço de, como expressou, "corrigir os erros cometidos por tradutores imprecisos, as alterações disparatadas feitas por críticos confiantes mas ignorantes e, além disso, tudo o que foi inserido ou modificado por copistas mais adormecidos que acordados". Parece que a tarefa foi feita para ele, certo? Bem, de fato era. O resultado foi a obra-prima de Jerônimo, conhecida como a *Vulgata* (como em "vulgar", de linguagem popular, o que o "povo comum" falava). A *Vulgata* foi, para dizer o mínimo, um sucesso estrondoso: provou ser para o Ocidente/Roma aquilo que a *Septuaginta* fora para o Oriente/Alexandria. No decorrer de centenas de anos posteriores, a *Vulgata* foi a Bíblia universalmente usada por todo o cristianismo europeu e serviu como base de autoridade para todas as traduções vernaculares da Europa ocidental que vieram depois dela.

Dá para acreditar que as pessoas iam à igreja e ouviam a Bíblia sendo lida em uma língua que elas não falavam nem entendiam? E que isso ainda acontece hoje? Bem, foi por causa da reverência à *Vulgata*. Não importa em que língua, a Palavra de Deus é poderosa. Simplesmente me alegro que hoje temos acesso a até mesmo os mais profundos significados das Escrituras.

O que são os Apócrifos?

Lembra-se dos quatrocentos anos que se passaram entre o Antigo Testamento e o Novo? (Veja a pergunta "Quanto tempo se passou entre os Testamentos?", na página 217). Durante esse período tumultuado, os escritores judeus deram seguimento à tradição de escrever a respeito de Deus e registrar o que estava acontecendo com seu povo. Na época em que Jerônimo (veja a pergunta "O que é a *Vulgata*?", na página 221) estava traduzindo a *Vulgata*, muito dos escritos intertestamentais tinham se vinculado, ou pelo menos se associado, ao Antigo Testamento, porque foram considerados instrutivos, e alguns até os consideravam inspirados. A *Septuaginta* grega (veja a pergunta "O que é a *Septuaginta*?", na página 218), traduzida muitos séculos antes, continha todos os livros do cânon do Antigo Testamento e alguns desses outros textos. Na sua *Vulgata*, Jerônimo incluiu esses textos, cunhando para eles a palavra *apocrypha* ("oculto" em grego).

Ao longo dos séculos, diversas denominações cristãs incluíram em suas Bíblias alguns ou todos os apócrifos, normalmente colocados entre os Testamentos. Em toda a Idade Média, os Apócrifos foram amplamente aceitos como canônicos.

A Bíblia

No entanto, isso mudou com a Reforma (veja a pergunta "O que significa 'salvo pela graça'?", na página 34). Talvez em certa medida uma reação à Igreja católica, os protestantes negaram a condição de canônico a qualquer texto além do estabelecido no cânon hebraico. Em contraposição, tratando-a de maneira sacrossanta, a Igreja católica afirmou dogmaticamente que a *Vulgata* inteira era canônica.

Hoje os livros apócrifos ainda são considerados canônicos pela Igreja católica e pela Igreja ortodoxa grega e constam de suas Bíblias. Os protestantes mantêm que os Apócrifos, embora edificantes e merecedores de atenção, não foram inspirados pelo Espírito Santo. Os judeus nunca aceitaram as obras apócrifas como parte do cânon hebraico.

Os livros apócrifos são interessantes, e em alguma altura de sua caminhada talvez você sinta vontade de estudá-los ou, pelo menos, de fazer uma leitura. Como recém-convertido, você tem material mais do que suficiente nos 66 livros da Bíblia. Um dos melhores começar é o evangelho de João, que é uma descrição poderosa do que Jesus Cristo é e o que ele fez por todos nós. E por falar em Jesus Cristo...

"Jesus Cristo" é nome e sobrenome, como "João Silva" ou "Carlos Astromenegildo?"

Não — e certamente não como "Carlos Astromenegildo". *Jesus*, que significa "Deus salvará", faz muito tempo é um nome bastante comum. Vem do hebraico *Josué*, que em grego se escreve *Iesous*, em latim *Iesus*, e em português *Jesus*. O que dá um quê de especial no caso de Jesus é que Deus, por meio de um anjo, disse a José que desse a seu filho esse nome (v. Mateus 1). Então, ficamos à vontade para dizer que, antes de Jesus nascer, José e Maria não gastaram um tempão folheando *Nomes de crianças: o grande livro de Belém*.

O "Cristo" veio depois, e não tem relação com um nome próprio. É um título, uma honraria derivada do grego *Christos*, que é o equivalente de *Mashiah*, um termo hebraico que significa "ungido". Os hebreus antigos sempre estiveram preparados para chamar seu libertador de "O Ungido", especialmente depois da ressurreição, que, por assim dizer, concluiu definitivamente a transação. Foi muito natural para os judeus, que acreditavam em Jesus como o Messias há muito esperado, referirem-se a ele como Jesus o Cristo, ou Jesus Cristo. E evidentemente nós ainda fazemos o mesmo.

Lembra-se do filme *Ben Hur*? O título completo do livro de Lew Wallace é *Ben Hur: uma história dos tempos de Cristo*. Achei que você gostaria de saber.

O que são os Evangelhos?

Os Evangelhos são os quatro primeiros livros do Novo Testamento: Mateus, Marcos, Lucas e João. Os títulos dos livros são comumente mencionados, de maneira formal, como "o evangelho segundo" seguido do nome de um deles.

A Bíblia

Mas normalmente se diz "Vamos abrir nossas Bíblias em Marcos", ou "Na última noite, li um trecho de Lucas": os livros são chamados apenas pelos nomes de seus escritores. Embora os quatro evangelhos contenham a história da vida, ministério, morte e ressurreição de Jesus Cristo, cada um é marcado pela perspectiva e sensibilidade individuais de seu autor.

É empolgante, como se Jesus estivesse no meio de quatro espelhos inteiros, cada um refletindo sua imagem de um ângulo diferente, e todos refletindo a imagem dos demais. É um jeito extremamente *humano* de fazer uma descrição plena de... bem... de Deus em forma humana.

E isso, claro, é exatamente o que nos deixa atônitos nos Evangelhos: eles tratam de *Deus* andando por aí, bem aqui na terra, usando o mesmo tipo de pernas que nos apoiam, respirando o mesmo ar que todos respiramos, vivendo a mesma realidade que todos vivemos. Nos termos mais reais possíveis, os Evangelhos contam a história de Deus andando, comendo, dormindo, ensinando, orando, chorando, sofrendo, morrendo e dando frio na espinha de todo mundo ao *voltar* dos mortos, provando assim para qualquer um que ainda estivesse em dúvida que ele, de fato, era exatamente quem afirmava ser.

A vida pode ser bem entendiante, certo? É fácil entalar em uma vala, saber que você já viu o que está vendo agora, e que você já fez o que está fazendo agora um milhão de vezes. Certo embotamento ou aborrecimento difusos fazem parte de nossa experiência humana.

Bem, os Evangelhos são a respostas para este mal-estar que nos joga em uma vala. Como poderiam não ser? É nos Evangelhos que Deus, a humanidade, a História, seu espírito e seu cérebro se juntam, ao mesmo tempo, todas as vezes que você se vale de suas palavras. A palavra "evangelho" significa "boas notícias" no grego. Com certeza, é a mais impactante expressão nominal na história do mundo.

É fantástico poder ler nos Evangelhos as palavras que saíram da boca de Jesus e ouvir as histórias que ele contou.

Não seria excelente se toda vez que alguém fizesse uma pergunta, em vez de agir como um sabichão e usar palavras chiques para provar isso, a gente simplesmente respondesse contando uma história cativante e relevante? Jesus foi um fenomenal contador de histórias.

O que é uma parábola?

É uma alegoria ou história curta que tem o propósito de transmitir uma lição moral. Uma ótima definição que costuma ser usada é "uma história terrena com significado celestial". Jesus é famoso por suas parábolas. Cerca de um terço (!) de tudo o que Mateus, Marcos e Lucas registraram está em forma de parábolas. Dependendo de como você a define ("Isso é realmente uma *parábola* ou é apenas uma comparação?" é a pergunta típica de um categorizador), qualquer coisa entre 30 e 60 parábolas de Cristo estão preservadas para nós nos Evangelhos.

A Bíblia

Se você já leu alguma dessas histórias, sabe que nem sempre é fácil entendê-las. Não são meros contos, em que existe uma vinheta curta e precisa com dois animais, um episódio e depois uma frase descrevendo o que aquilo tudo significa. As parábolas de Jesus são *bem* mais densas. Livros que encheriam uma biblioteca foram escritos com a intenção de chegar ao significado *verdadeiro* das parábolas. E esses livros sempre serão escritos, pois as parábolas são complexidades fascinantes que, miraculosamente, conseguem ser ao mesmo tempo misteriosamente insondáveis e límpidas como cristal. É como se a linguagem das parábolas fosse uma linguagem mágica, que é automaticamente transferida para o coração, e não para o cérebro.

Vamos examinar uma das parábolas mais famosas, a parábola do semeador, descrita em Lucas 8.4-15.

> Reunindo-se uma grande multidão e vindo a Jesus gente de várias cidades, ele contou esta parábola: "O semeador saiu a semear. Enquanto lançava a semente, parte dela caiu à beira do caminho; foi pisada, e as aves do céu a comeram. Parte dela caiu sobre pedras e, quando germinou, as plantas secaram, porque não havia umidade. Outra parte caiu entre espinhos, que cresceram com ela e sufocaram as plantas. Outra ainda caiu em boa terra. Cresceu e deu boa colheita, a cem por um".
>
> Tendo dito isso, exclamou: "Aquele que tem ouvidos para ouvir, ouça!"
>
> Seus discípulos perguntaram-lhe o que significava aquela parábola. Ele disse: "A vocês foi dado o conhecimento dos

Ser Cristão

mistérios do Reino de Deus, mas aos outros falo por parábolas, para que " 'vendo, não vejam; e ouvindo, não entendam'.

"Este é o significado da parábola: A semente é a palavra de Deus. As que caíram à beira do caminho são os que ouvem, e então vem o Diabo e tira a palavra do seu coração, para que não creiam e não sejam salvos. As que caíram sobre as pedras são os que recebem a palavra com alegria quando a ouvem, mas não têm raiz. Creem durante algum tempo, mas desistem na hora da provação. As que caíram entre espinhos são os que ouvem, mas, ao seguirem seu caminho, são sufocados pelas preocupações, pelas riquezas e pelos prazeres desta vida, e não amadurecem. Mas as que caíram em boa terra são os que, com coração bom e generoso, ouvem a palavra, a retêm e dão fruto, com perseverança".

Essa é uma das parábolas mais claras e mais facilmente compreendidas dos Evangelhos. Ajuda bastante o fato de Jesus ter explicado o que queria dizer com ela. Mas observe que o único motivo de ele explicar foi que os próprios discípulos perguntaram o que ele pretendia dizer com aquilo.

E viu como ele respondeu à pergunta? Ele disse a seus perplexos seguidores que falava em parábolas para algumas pessoas que, ao contrário deles, não tinham conhecimento do Reino de Deus, para que "vendo, não vejam; e ouvindo, não entendam".

E *isso* com certeza deixou tudo claro para todo mundo.

Deixaremos para você discernir os motivos que levaram Jesus a responder usando uma citação do profeta Isaías, assim como vamos deixar que você, com o tempo,

A Bíblia

mergulhe nas profundezas dessas histórias fantásticas tanto quanto possa. Por enquanto, estamos somente usando a parábola — Ei! Estamos usando uma parábola como uma parábola! — para enfatizar o seguinte: quando Jesus fala, o negócio dele não é dar sua mensagem como se fosse papinha na boca das pessoas. Ele não está *se ajustando* a ninguém.

Ele não é Esopo. Isso não é biscoitinho da sorte. Não são ditados bordados em uma almofada. Não são as lições que supostamente se aprendem nos contos de fadas, nem histórias da Dona Benta ou mesmo as do seu pastor.

É *Deus* falando.

> Finalmente, os guardas do templo voltaram aos chefes dos sacerdotes e aos fariseus, os quais lhes perguntaram: "Por que vocês não o trouxeram?"
> "Ninguém jamais falou da maneira como esse homem fala", declararam os guardas (João 7.45,46).

Adoro essa declaração. E mal posso esperar para ouvir Jesus falando pessoalmente. Imagino que ele ainda tem belas histórias sobrando. Certamente não estão todas na Bíblia. Deve haver infinitamente mais!

Por que existem tantos tipos de Bíblias?

Comprar uma Bíblia hoje pode parecer uma busca pelo trevo-de-quatro-folhas: as possibilidades parecem infinitas, todos eles parecem iguais e, depois de vinte minutos à caça, mal se vê outra coisa. Se você fizer uma busca por "Bíblia" nas lojas de produtos cristãos que estão na *internet*, verá que existem milhares de itens. Algumas das categorias incluem Bíblias para mulheres, crianças, Bíblia cronológica, compacta e de bolso, devocional, família, interlinear, aplicação diária. Para ser lida em um ano, paralela, pentecostal, para os bancos de igreja, de referência, do estudante, de estudo, *teen* e por tópicos.

Além dessas categorias, as Bíblias também podem ser listadas por "versões". Em português, podemos citar as seguintes: *Almeida Revista e Atualizada (ARA), Almeida Revista e Corrigida (ARC), Almeida Corrigida e Fiel (ACF), Almeida Edição Contemporânea (AEC), Almeida Século 21 (A21), Nova Versão Internacional (NVI), The Message* [A Mensagem, no prelo pela Editora Vida], *Tradução na Linguagem de Hoje (TLH), Nova Tradução na Linguagem de Hoje (NTLH), A Bíblia Viva (BV), Bíblia Judaica Completa (BJC), Bíblia de Jerusalém (BJ), Tradução Ecumênica da Bíblia (TEB)* e outras.

Ufa! E você achando que encontrar um trevo-de-quatro-folhas era um desafio. Sabe-se que as pessoas *morrem de fome* na seção de Bíblias nas livrarias.

Bem, talvez não morram de fome, mas é só porque sempre tem uma cafeteria por perto.

Resumem-se a três os motivos para haver tantas Bíblias diferentes: propósitos diferentes, traduções diferentes e públicos diferentes.

Propósitos diferentes

Algumas Bíblias — às vezes chamadas de Bíblias "tradicionais" — apresentam o texto do Antigo e Novo Testamentos com poucas ou nenhumas notas de rodapé. Estas são feitas para leituras diretas e ininterruptas.

Bíblias de estudo apresentam ao longo de todo o texto notas de rodapé explicativas, quadros explicativos, mapas, diagramas e artigos informativos: elas são feitas para ajudar o leitor a entender o máximo possível sobre o que está escrito à medida que a leitura prossegue — como acontece na *Bíblia de Estudo NVI*.

Bíblias de referência apresentam diversos tópicos que permitem ao leitor localizar versículos nos quais as palavras individuais são empregadas ou as ideias são usadas por meio de cadeias temáticas e concordância bíblica — como a *Bíblia Thompson*.

Uma Bíblia paralela mostra diversas traduções do mesmo texto em colunas arrumadas lado a lado, assim como na *Bíblia NVI Português-Inglês*.

A Bíblia interlinear mostra o texto bíblico em português e logo abaixo o texto original, seja hebraico, seja grego.

Existe, ainda, uma versão que mostra todos os acontecimentos bíblicos na ordem em que ocorreram, a *Bíblia em Ordem Cronológica (BOC)*.

A *Bíblia Amplificada* (que não está disponível em português) constantemente interrompe o texto para informar, dentro de parênteses, diferentes maneiras de traduzir uma palavra ou como ela foi traduzida. Isso dá ao leitor um entendimento mais abrangente — amplificado — do que está lendo.

Nisso se vê como diferentes Bíblias têm diferentes propósitos centrais que, por sua vez, determinam as particularidades de como o texto bíblico é apresentado.

Traduções diferentes

Um monte de palavras, um monte de palavras antigas, um monte de palavras antigas em diferentes línguas antigas... misture tudo isso e você verá por que existem tantas traduções da Bíblia em português. Que existem diversas versões da Bíblia em português é a notícia ruim, ou, antes, a notícia interessante. A boa notícia: as principais versões respondem por uma parte expressiva das vendas de Bíblia em português. Assim, em termos práticos, quando se trata de comprar uma Bíblia, as escolhas ficam bem reduzidas.

O que se deve saber sobre traduzir a Bíblia é que antes de alguém — qualquer empresa, pessoa, escola, denominação — encarar um desafio tão formidável, é preciso decidir se estão mais interessados em preservar *literalmente* os textos grego e hebraico originais, ou se o interesse primário é comunicar ao leitor contemporâneo os *pensamentos* — ideias e conceitos — que originariamente eram transmitidos por aquelas palavras.

Se a intenção for preservar o máximo possível as palavras, gramática, expressões idiomáticas e estrutura frasal das línguas originais, então essa tradução pertence à escola de "equivalência formal" na tradução da Bíblia. Se, em lugar desse foco literal, palavra por palavra, a escolha for traduzir pensamento por pensamento, caso se considere mais im-

A Bíblia

portante comunicar aquilo que o texto original significa em vez de aquilo que *afirma* literalmente, então essa é a escola de "equivalência funcional" da tradução da Bíblia. Tradutores formais, palavra por palavra, procuram apresentar a Bíblia em seu majestoso esplendor literário. Eles querem levar o leitor ao mundo da Bíblia. Os tradutores funcionais, pensamento por pensamento, procuram fazer que a mensagem bíblica tome vida para os leitores contemporâneos. Eles querem levar a Bíblia até o mundo dos leitores.

Em inglês, a *King James Version* [*Versão do Rei Tiago*] é um exemplo clássico de tradução por equivalência formal. Em português, a versão que mais se aproxima desta é a de João Ferreira de Almeida. No outro extremo, está a *Bíblia Viva*, escrita em uma linguagem sem formalidades. Existe a Bíblia *The Message* [*A Mensagem*, no prelo por Editora Vida], traduzida por Eugene Peterson que, com seu grau de informalidade, modernidade e elegância, ganhou milhões de leitores. Sua linguagem é de fácil compreensão.

Para fazermos uma comparação, vamos examinar quatro traduções diferentes de um trecho bem simples, que abre a parábola do semeador, já examinada.

Para começar, uma tradução palavra por palavra, em estilo de equivalência formal, na versão de Almeida (*A21*):

> Certa vez, aglomerou-se uma grande multidão, e gente de todas as cidades veio ao seu encontro. E Jesus disse por meio de parábola: [...]

Este é o mesmo trecho na *Nova Versão internacional* (*NVI*), que é muito disseminada e que pertence a um estilo às vezes chamado de "equivalência dinâmica". Isso significa um equilíbrio entre a equivalência formal e funcional.

Reunindo-se uma grande multidão e vindo a Jesus gente de várias cidades, ele contou esta parábola: [...]

Agora a mesma frase na *Bíblia Viva* (*BV*), cuja primeira edição data de 1981 e fez grandes contribuições para a tradução da Bíblia ao apresentar o que naquela época era o mais avançado em tradução pensamento por pensamento.

Um dia Ele contou esta história para uma grande multidão que queria ouvi-lo — enquanto muitos outros ainda estavam na estrada, vindo de outras cidades: [...]

E, finalmente, a *The Message* (tradução livre).

À medida que passava de cidade em cidade, uma porção de gente se juntava a ele na viagem. Ele se dirigiu a essas pessoas usando esta história: [...]

Bem, essas versões mostram mudanças bem sutis, isso é certo. No entanto, mesmo com esse fragmento direto e claro, veja como mudamos de "Certa vez, aglomerou-se uma grande multidão", para "Reunindo-se uma grande multidão", para "Um dia Ele contou esta história para uma grande multidão" e para "À medida que passava de cidade em cidade, uma porção de pessoas se juntava a ele".

Você não tem a *sensação* de que tem algo que vai apertando seu pescoço quando examina essas coisas?

A Bíblia

E, novamente, não dá para esse trecho ser menos complicado do que já é. Imagine como essas importantes variações na tradução podem ser mais importantes quando se trata de um assunto mais abstrato do que uma multidão reunida.

A questão é: leia a introdução da Bíblia que está pensando em adquirir e veja se segue a escola de tradução da equivalência formal ou da equivalência funcional. Fazendo assim, você pode abordar o texto com uma compreensão útil do contexto filosófico e intelectual no qual ele foi produzido. Procure em algum momento adquirir uma Bíblia traduzida com uma *metodologia diferente*, para, assim, captar e compreender cada vez melhor aquele que, afinal, é o maior dos livros já escritos.

Públicos diferentes

É neste ponto que o fator "Bíblia como *commodity* de mercado" fica bem intrigante. Todos os anos, os norte--americanos gastam 500 milhões de dólares comprando cerca de 25 milhões de Bíblias. Também é verdade que uma residência norte-americana média possui quatro Bíblias. Então, fica difícil exagerar no papel criativo que o *marketing* desempenha na façanha de vender 25 milhões de exemplares para pessoas que já têm pelo menos um exemplar daquele livro em casa.

Veja você mesmo, examine prateleira por prateleira em alguma livraria. Bíblia para crianças. Bíblia para executivos. Bíblia para estudantes. Bíblia para homens. Bíblia para meninas adolescentes, com cores da moda e alça para carregar. Bíblias para meninos adolescentes com cores "iradas". Bíblias para homens e mulheres de negócios, para homens, mulheres, estudantes, família, pregador, ministro, líder... pense em alguém que você conhece, e há uma boa chance de existir uma Bíblia para ele. E se não existir — se não existir a "Bíblia do Chef Desempregado", "Bíblia da Mãe Que se Mudou de Houston para Orlando", ou "Bíblia para Quem Tem Azia" —, espere uma semana. Até lá, é possível que já exista.

Isso nos leva a outro motivo para existirem tantas traduções disponíveis atualmente. Quinhentos milhões de dólares por ano é um montão de dinheiro, certo? Ora, as editoras — sim, mesmo as editoras cristãs — não estão inteiramente imunes ao chamado dos lucros que uma quantia dessa sugere. Como dissemos, ter uma fatia do mercado de livros cristãos depende em parte de desenvolver Bíblias direcionadas a públicos dentro desse mercado. No entanto, o problema de fazer isso é que a editora, se não for dona da própria tradução, terá de pagar pelo direito de usar qualquer uma das versões adotadas em sua Bíblia direcionada para um público específico. Se você for um editor, isso pode tornar a encomenda da sua própria tradução — apesar dos custos estratosféricos — uma proposta especialmente atraente. Fazer isso possibilita levar ao mercado sua própria tradução viável e independente e depois usá-la como base para criar mui-

A Bíblia

tos tipos diferentes de Bíblia e produtos relacionados, caso consiga identificar uma carência.

Para algumas editoras cristãs, isso é puro e simples bom senso comercial.

Esteja baseada na tradução própria ou na de outros, é importante observar que todos os diferentes tipos de Bíblias voltados para segmentos específicos — "*A Bíblia do Canhoto*", "*A Bíblia do Mergulhador Recém-divorciado*", e assim por diante — trazem o texto integral do Antigo e Novo Testamentos. Antes de qualquer coisa, Bíblia para segmentos específicos são isto: *Bíblias*. Elas diferem no conteúdo adicional, extrabíblico — notas, guias de estudo, gráficos, referências cruzadas etc. —, que apresenta dentro do texto, ao redor dele e em toda a sua extensão. *Esse* material é produzido por autores contemporâneos que enfatizam nas Escrituras ou extraem delas maneiras de tratar sobre necessidades e problemas específicos de interesse do público-alvo.

É bem fácil ser cínico quanto à aparente infinidade de maneiras de apresentar a Bíblia para que ela exerça seu apelo a um número aparentemente infinito de segmentos demográficos especializados. Contudo, não tem nada de errado em mostrar para o leitor como compreender a Palavra de Deus mostrando a Palavra de maneira pessoal. A Bíblia é um livro inimaginavelmente complexo e infinitamente facetado. É uma *boa coisa* que cada cristão tenha em mãos todas as ferramentas que o possam ajudar a explorar as verdades fantasticamente ricas e transformadoras embutidas em todos os cantos do texto.

A *King James Version*, a tradução mais reverenciada em língua inglesa, foi belamente traduzida em inglês shakespeariano, e alguns acreditam que ela foi concluída quando William Shakespeare completou 46 anos. Se você for ao salmo 46 nessa versão, e contar 46 palavras a partir do começo, encontrará a palavra *shake*. Conte 46 palavras a partir do fim do salmo e você encontrará a palavra *spear*. Você não vai encontrar isso em nenhuma outra versão. É quase como um "Feliz Aniversário, Bill!" escrito em código secreto pelos tradutores da *KJV* para seu escritor favorito.

Como descubro qual Bíblia é melhor para mim?

A resposta é simples: a Bíblia mais adequada para você é aquela usada pela maioria dos cristãos que faz parte da sua vida. Provavelmente, você está frequentando uma igreja, certo? (se não estiver, veja a pergunta "Por que é tão importante ir à igreja?", na página 249). Bem, aí vai: certamente a Bíblia mais adequada para você é a versão de estudo da Bíblia que seu pastor usa para ensinar e pregar. Provavelmente, é a mesma Bíblia usada nas classes de estudo, a mesma Bíblia que as pessoas da sua igreja usam quando vão a um pequeno grupo ou estudo bíblico. Grande parte de conhecer, entender e ter apreço pela Palavra de Deus acontece na comunhão com outros cristãos. Usar

A Bíblia

a mesma versão da Palavra que eles usam é uma maneira excelente de fazer a bola rolar e continuar rolando.

Registre-se que uma tradução muito disseminada hoje em dia é a maravilhosa *Nova Versão Internacional* (NVI). Outras Bíblias muito populares com as quais a maioria dos cristãos cedo ou tarde conhecerão — e lerão, espera--se — são: alguma variante da versão de Almeida, *Nova Tradução na Linguagem de Hoje* (NTLH), *Bíblia Viva* (BV) e *Bíblia de Jerusalém* (BJ).

O que é uma concordância bíblica?

É um livro de referência que mostra todas as passagens bíblicas em que uma palavra ocorre nas Escrituras. A concordância é uma fantástica ferramenta de estudo. Se não por outro motivo, porque ela serve para orientar e enriquecer consistentemente a compreensão que você tem da Bíblia como uma obra completa, unificada e miraculosamente interconectada.

Por exemplo, imagine que você vai usar uma concordância com base na Bíblia de Almeida para encontrar a palavra "coroa". Você vai descobrir, em toda as Escrituras, que essa palavra ocorre cerca de 77 vezes. E, se você ler as passagens nas quais ela é empregada, terminará obtendo o formidável conhecimento a respeito do *papel* que essa palavra desempenha na Bíblia como um todo. Desde a primeira ocorrência no primeiro livro (em Gênesis 49.26: "[Que] As bênçãos de seu pai [...]

repousem sobre a cabeça de José, sobre a fronte [ou coroa] daquele que foi separado de entre seus irmãos") até aparecer pela última vez no último livro (Apocalipse 14.14: "Olhei, e diante de mim estava uma nuvem branca e, assentado sobre a nuvem, alguém 'semelhante a um filho de homem'. Ele estava com uma coroa de ouro na cabeça e uma foice afiada na mão"). A palavra "coroa" é empregada de formas fascinantes, tanto literal quanto figuradamente. Tais formas indicam claramente uma prefiguração, que, tomada em conjunto, apresenta a conclusão definitiva de que ninguém, *senão* Deus, poderia ter escrito um livro com uma *estética* tão assustadoramente *perfeita* como é a Bíblia.

E isso só de examinar uma única palavra. Imagine o comprimento e a largura do território que uma concordância possibilita explorar.

O que a concordância tem de especialmente maravilhoso é que ela serve para transformar a Bíblia naquilo que ela deve ser: um livro *seu*. Ao examinar todas as maneiras em que a palavra "coroa" (ou "rocha", ou "montanha", ou "cruz", ou [sua palavra de escolha aqui]) é empregada, necessariamente você adquire todo tipo de percepção, discernimento, impressões e pensamentos a respeito da Bíblia que "têm a sua cara", já que tudo isso se produziu por sua interação com um aspecto singular do texto. A concordância o vai na leitura guiar e isso vai gerar *em você* uma ressonância, as passagens falarão *para você*, você fará todo tipo de ligações pessoais e enxergará todo tipo

A Bíblia

de inter-relacionamento textual que entrará em gloriosa ressonância com *seu* espírito e alma.

A concordância o ajudará a descobrir e apreciar a linguagem na qual Deus, por meio de sua Palavra, fala com você.

Além da concordância em separado que descrevemos, muitas Bíblias trazem nas últimas páginas uma concordância menos completa, mas, nem por isso, menos útil. Quando escolher sua primeira Bíblia, procure uma que tenha esse recurso comum.

O que é uma Bíblia arranjada em cadeias temáticas?

É bem parecida com uma concordância bíblica (veja a pergunta "O que é uma concordância bíblica?", na página 239), só que, no lugar de procurar *palavras* específicas, você procura pelos temas dos quais a Bíblia trata. Assim, numa Bíblia organizada em temas, pode-se buscar a palavra "hipocrisia" e obter uma lista de passagens, em ordem de ocorrência, que trata da hipocrisia. Uma Bíblia em cadeias temáticas é extremamente útil, pois muitas vezes queremos saber o que a Bíblia tem a dizer sobre um assunto, ideia ou tema que, por algum motivo, chamou nossa atenção.

Sem essa orientação, como você saberia todos os lugares em que procurar pela informação desejada? Se estiver lutando com a inveja, como seria possível encontrar *todas* as passagens bíblicas que mencionam essa palavra? Fácil: procure "inveja" na sua Bíblia em cadeias temáticas!

(A menos que você não tenha uma. Nesse caso, você teria inveja de quem tem uma. Isso só poderia aumentar seu problema. Então, o melhor é você comprar sua Bíblia em cadeias temáticas já e poupar-se desse trabalho mais tarde.) Ter uma Bíblia de estudo com concordância e mantê-la na cabeceira ao lado de uma Bíblia em cadeias temáticas é algo que de fato pode ajudar você a abrir as profundezas da verdade de Deus logo no começo de seu estudo ou momento devocional.[1]

O que é um devocional?

Um livro devocional fornece duas coisas: uma passagem bíblica a ser lida e um comentário breve sobre a passagem. A ideia é que todo dias — a maioria dos devocionais são "devocionais diários" — você leia a passagem bíblica selecionada pelo autor do devocional para aquele dia e, depois, reflita sobre o texto que o autor escreveu sobre aquela passagem. Boa parte dos devocionais inclui uma oração no fim de cada leitura, que tem a intenção de encapsular, solidificar e fazer um fechamento daquele momento devocional. Os devocionais são excelentes apoios espirituais, já que fornecem diariamente meios para uma pessoa ler, aprender, refletir e orar. Se existir

---

1 A *Blíblia Thompson* (Editora Vida) é um exemplo de Bíblia de referência que inclui estudos tanto em cadeias temáticas como em concordância. [N. do E.]

outra maneira melhor de gastar quinze ou vinte minutos, especialmente a cada manhã, por favor nos diga qual é.

Por nossa experiência, se não dedicarmos algum tempo da manhã para estarmos com o Deus do Universo, mostraremos menos dedicação a seu Filho no decorrer do dia. Se você for ocupado demais, bem, como se diz por aí, anda ocupado demais.

Ler a Bíblia é importante para meu crescimento espiritual?

É sim. Ler a Bíblia é tão importante para seu crescimento espiritual quanto a água é para o peixe.

Imagine que você tenha escrito a história da sua vida — que você levou *mil e quinhentos anos* para escrever um livro primoroso, no qual captou tudo o que é, foi ou será.

Agora imagine que uma pessoa diga quanto o ama, quanto se importa com você, quanto o admira e reverencia, quanto anseia moldar a vida dela pelas verdades que definiram a sua vida.

Contudo, imagine que essa pessoa nunca tenha lido, ou o fez em raras oportunidades, o livro que deu tanto trabalho para você escrever.

Qual seria seu sentimento em relação a essa pessoa?

Ora, você quer que Deus sinta a mesma coisa a seu respeito?

Lembre-se que Deus não gastou eras incontáveis formando o mundo, dirigindo a história humana e escrevendo a história dele — isso sem mencionar que ele se deixou chicotear, ser arrastado pelas ruas e cravado em uma cruz para ser abandonado à morte — por causa *dele mesmo*. Ele não escreveu a Bíblia para que ficássemos parados, admirando mais um testamento glorioso à sua perfeição infinita, infindável.

Ele escreveu a Bíblia para *você*. Para que *você* ouvisse a mensagem. Para que *você* entendesse a verdade. Para que *você* soubesse que ele encarnou em forma humana e se sacrificou parar servir de propiciação para seus pecados.

Quando o Senhor Jesus Cristo voltou corporalmente para o céu, ele deixou dois meios pelos quais qualquer que nele crer possa, sempre que quiser, provar para si mesmo que ele era e é tão real quanto é possível ser. A primeira é o Espírito Santo em você — você pode clamar a ele quando quiser. A outra é a Bíblia — você pode abri-la para ler quando quiser.

Qualquer cristão que tentar crescer espiritualmente sem se valer constantemente do Espírito vai fracassar. Qualquer cristão que tentar crescer espiritualmente sem se valer constantemente da Bíblia também vai fracassar.

E, seja como for, por que um cristão optaria por *não* ler a Bíblia? Que peixe pula para fora da água, cai em solo firme e pensa: "Ótimo! Isso é perfeito para mim!"?

"Quando o Espírito da verdade vier, ele os guiará a toda a verdade" (João 16.13).

A palavra de Deus é viva e eficaz, e mais afiada que qualquer espada de dois gumes; ela penetra até o ponto de dividir alma e espírito, juntas e medulas, e julga os pensamentos e intenções do coração (Hebreus 4.12).

A Bíblia

Pesquisas revelam que passar vinte minutos por dia com as Escrituras, pelo menos quatro dias por semana, gera mais conhecimento a respeito da Bíblia e de Deus, e também acrescenta à vida benefícios como felicidade, saúde mais robusta e relacionamentos mais firmes. Então, o que está esperando? Ter um momento devocional é o hábito que você estava procurando.

Qual é o melhor jeito de ler a Bíblia?

O melhor jeito de ler a Bíblia é em coordenação com o Espírito Santo. Por esse motivo, é uma boa ideia ter o hábito de orar antes de abrir a Bíblia e começar a ler. Peça que Deus abra sua mente e seu coração para que o impacto de suas palavras seja pleno. Fazer isso antes de começar a ler é mais do que uma formalidade espiritual. É essencial para que o apreço pelas Escrituras seja integral. Já que a Bíblia foi escrita por Deus por intermédio do homem, faz todo o sentido que o melhor jeito de lê-la seja pelo homem por intermédio de Deus. Alguns dizem que nem é possível ao não cristão ler ou compreender a Bíblia por qualquer período de tempo que seja, que invariavelmente o não cristão que tenta sozinho navegar pelas águas às vezes escuras e sempre profundas das Escrituras vai desistir, achando que o texto é denso demais ou obscuro demais para prosseguir.

Nisso há muita verdade. O Espírito funciona quase como um decodificador, que torna a Bíblia clara para o cristão que a lê. Por isso, antes de começar, faça uma pequena oração a Deus. Peça que ele o acompanhe à medida que lê.

Leia a Bíblia todo dia. Faça o que puder para que a leitura da Bíblia seja sua primeira atividade da manhã e a última atividade antes de se deitar. Começar e terminar todos os dias passando tempo proveitoso com Deus vai melhorar sua vida de maneira que você nem consegue imaginar, se ainda precisa fazer dessas duas leituras bíblicas uma parte da sua vida. Creia nisto: sua vida mudará de preto e branco para cores vívidas e nítidas. Logo, bem logo, você ficará fascinado. É *tal* a dramaticidade da mudança. Faça a tentativa e veja com os próprios olhos.

Quanto à leitura da Bíblia, faça um plano. Pelo menos uma das prateleiras na seção "cristianismo" das livrarias conterá livros sugerindo planos diários para a leitura da Bíblia (melhor ainda: vá a uma livraria cristã e *fique abismado* com os recursos à sua disposição). Folheie os livros do tipo "leia a Bíblia em um ano". Veja o que têm a oferecer, que tipo de plano de leitura cada um sugere. Pergunte a seu pastor e amigos que plano eles usam.

No fim, escolha um. E vá, meu amigo; siga em frente.

Um monte de pessoas para e adia indefinidamente a leitura da Bíblia em um ano. Se for seu caso, você pode tentar *The One Year New Testament* [O Novo Testamento em um Ano]. Eu o desenvolvi porque fiquei atolado em Levítico.

A Bíblia

Devo entrar em um grupo de estudo bíblico?

Se realmente quiser levar a leitura da Bíblia a sério, a melhor coisa a fazer é se juntar a um grupo de estudo bíblico da igreja (veja também a pergunta "O que é um pequeno grupo na igreja?", na página 280). Fazer isso vai proporcionar a você um sólido plano de leitura e também garantir que você de fato faça sua leitura, já que raramente uma pessoa fica à vontade sendo a única no grupo de estudo que *não* cumpriu a tarefa da semana.

Entretanto, não será por isso que você inevitavelmente terá terminado a tarefa da semana. Você terá completado a leitura pelo mesmo motivo que as pessoas nos grupos de estudo bíblico completam sua leitura: porque a vida nos concede poucos prazeres tão ricos quanto sentar-se com outros cristãos que, aberta e honestamente, discutem seus pensamentos e sentimentos sobre a mesma passagem bíblica. É simplesmente algo assombroso. Pessoas que eram indiferentes para você, com quem você não fazia questão de andar na vida normal, tornam-se preciosas para você em um grupo de estudo. O motivo exato disso permanece um mistério, mas definitivamente tem algo a ver com o fato de que, diante de Deus, todas as pessoas que estudam sua Palavra se tornam anjos, ainda que por um breve instante. Os grupos de estudo bíblico jogam no ar a presença de uma paz sublime, uma *divindade* palpável que você não deve deixar de sentir.

É quase como uma *igreja* concentrada, com intensa presença pessoal, de uma maneira bem real.

Ah, sim, você vai completar as leituras da semana. Você verá que, como todos no grupo, terá *anseio* por obter as percepções, experiências, perguntas e revelações pessoais que os companheiros de grupo compartilharão a cada semana.

Sabe como, em grupos íntimos e aconchegantes, a gente tende a sentir vontade de falar? É ou não é legal ser a pessoa em quem todos estão prestando atenção? Esta, que é a mais fundamental das características humanas, muda em um grupo de estudo bíblico.

Lá você verá que nada supera o ouvir.

> "Onde se reunirem dois ou três em meu nome, ali eu estou no meio deles" (Mateus 18.20).

Quanto mais você lê a Bíblia, mais percebe que Jesus era um elo e que os 12 discípulos eram seu grupo mais chegado. Ele forneceu o modelo daquilo que todos podemos seguir: fazer conexões em um pequeno grupo, estudar juntos e juntos crescer na direção de Deus. Você ficará surpreso com a intensidade do amor que passará a sentir por isso. Participar — viver a vida — em um grupo é bem diferente do que ficar parado em uma igreja. Uma coisa é *ir* à igreja, e outra é *ser* igreja.

Capítulo 5

A igreja

No capítulo anterior, nós demos uma olhada na Bíblia, a Palavra de Deus que nos foi revelada. Ler a Bíblia pode nos impactar de incontáveis e maravilhosas maneiras. Algo que certamente vai ser despertado no coração de qualquer cristão é o desejo de se ajuntar com outras pessoas de mesma mentalidade para adorar e louvar a Deus em comunhão cheia de alegria e celebração.

Por que é tão importante ir à igreja?

Se você crê em Cristo, a coisa mais natural é ter vontade de cultivar relacionamentos com outras pessoas que compartilham da mesma paixão por Jesus. A alegria que brota da fé não tem outro caminho além daquele que nos leva a abraçar e travar relacionamentos com outras pessoas. Passar momentos proveitosos na companhia de outros cristãos é uma das atividades mais recompensadoras que há na vida. Se você não se reunir regularmente com outros cristãos, *no mínimo* uma vez por semana (veja a pergunta "Devo entrar em um grupo de estudo bíblico?", na página 247 para saber por que, na realidade, deve ser no mínimo duas vezes por semana) para celebrar e compartilhar na alegria comunitária que brota de todos que ali possuem um relacionamento essencialmente profundo, pessoal e essencialmente indescritível com Jesus, então... bem, a verdade objetiva é que você está comprometendo sua qualidade de vida.

No fim das contas, estar na igreja é uma coisa muito *legal* porque temos a nosso redor pessoas que creem e vivenciam as mesmas verdades justas e santas que nos são tão caras.

E, é claro, a igreja é bem mais do que um lugar legal. Fundamentalmente, a atenção da igreja está, e sempre estará, voltada para Deus.

A manifestação mais plena da natureza de Deus é o amor que seus filhos espontaneamente compartilham entre si. E a igreja, mais do que qualquer outro lugar, é onde isso acontece. Quando estamos na igreja, não existem fulanos nem sicranos. Na igreja, só existem "espíritos santos" em forma corpórea, benditamente se aquecendo juntos na luz que ilumina a vida de cada um e de todos.

Você sabe por que as pessoas vão à igreja? Porque elas sabem que a igreja é o mais próximo do céu que se consegue chegar aqui na terra.

> Não deixemos de reunir-nos como igreja, segundo o costume de alguns, mas procuremos encorajar-nos uns aos outros (Hebreus 10.25).

A *igreja*

Na igreja, nós adoramos o Deus que está nos céus. E também representamos Jesus, o Cristo, que veio à terra.

Por que a igreja é considerada o corpo de Cristo?

Porque é exatamente isso que ela é, *aquilo que nós somos*. A igreja é o próprio meio pelo qual Deus expressa sua presença física neste mundo. Como poderia ser diferente? Onde mais vemos Cristo mais percebido, mais inteiramente apresentado, mais apaixonadamente adorado ou mais profundamente compreendido? Quando as pessoas querem se aproximar o máximo possível fisicamente de Deus, aonde elas vão — onde *poderiam* ir — que não à igreja?

Sem as pessoas que pertencem a ele e a sustentam, uma igreja não é nada mais do que um prédio vazio. Pode muito bem funcionar como uma agência de correio ou virar um restaurante.

A igreja é o corpo de Cristo na terra. É o local e o método de Deus viver, respirar, mover-se e agir neste mundo. É como ele cultiva os que nele creem, como ele alcança e sustenta aqueles que ainda não o conhecem.

Tendo sentido Cristo avivar-se dentro de você, tenho reconhecido e aquiescido à verdade da realidade de Deus em seu interior, você *de fato* se torna uma célula no corpo de Cristo na terra. Ir à igreja — entrar regularmente em comunhão com um monte de outras células vivas e ativas no mesmo corpo — é o meio pelo qual se descobre como a célula que *você* é deve contribuir para o funcionamento e progresso de todo esse corpo.

Uma das bases para a igreja como o corpo de Cristo está em 1Coríntios 12, onde se lê.

A cada um [de nós], porém, é dada a manifestação do Espírito, visando ao bem comum. [...] Todas essas coisas, porém, são realizadas pelo mesmo e único Espírito, e ele as distribui individualmente, a cada um [de nós], como quer.

Ora, assim como o corpo é uma unidade, embora tenha muitos membros, e todos os membros, mesmo sendo muitos, formam um só corpo, assim também com respeito a Cristo. Pois em um só corpo todos nós fomos batizados em um único Espírito: quer judeus, quer gregos, quer escravos, quer livres. E a todos nós foi dado beber de um único Espírito.

O corpo não é feito de um só membro, mas de muitos.

Se o pé disser: "Porque não sou a mão, não pertenço ao corpo", nem por isso deixa de fazer parte do corpo. E se o ouvido disser: "Porque não sou olho, não pertenço ao corpo", nem por isso deixa de fazer parte do corpo. Se todo o corpo fosse olho, onde estaria a audição? Se todo corpo fosse ouvido, onde estaria o olfato? De fato, Deus dispôs cada um dos membros no corpo, segundo a sua vontade. Se todos fossem um só membro, onde estaria o corpo? Assim, há muitos membros, mas um só corpo. [...]

Quando um membro sofre, todos os outros sofrem com ele; quando um membro é honrado, todos os outros se alegram com ele.

Ora, vocês são o corpo de Cristo, e cada um de vocês, individualmente, é membro desse corpo (v. 7,11-20,26,27).

A igreja

Que belo arranjo, pelo menos até o momento em que o pé começa a ter vontade de fazer o que somente o ouvido consegue fazer. Ou um olho quer começar a falar. É aí que as coisas realmente começam a encrencar. Mas, quando as pessoas se unem *usando os dons para o serviço mútuo*, é algo que parece ter descido dos céus.

Como encontro a igreja certa para mim?

Da mesma maneira que você encontra um sapato ou carro: saia às compras. Os sapatos precisam encaixar bem nos pés, é preciso testar um carro andando nele para ver se você realmente gosta dele, e é preciso experimentar uma igreja algumas vezes antes de saber se ela é ou não a igreja certa para você.

As igrejas são parecidas com pessoas: elas possuem personalidades distintas, singulares. Você não se dá bem automaticamente com cada pessoa que conhece. Da mesma maneira, você não vai gostar automaticamente de todas as igrejas que visitar. E, se você visitar uma igreja na qual não se sente bem, é perfeitamente compreensível. Isso só quer dizer que ainda não encontrou a igreja certa para você.

Quando John tornou-se cristão doze anos atrás, ele concluiu que todos os cristãos tinham cultos bem parecidos: eles se sentavam nos bancos da igreja, o pastor fazia um discurso e lia a Bíblia, todos cantavam algumas canções e voltavam para casa. Até onde ele tinha parado

SER CRISTÃO

para pensar no assunto, não percebera muita diferença nesse procedimento básico, se é que havia alguma variação. Seguindo seu desejo recém-descoberto de frequentar uma igreja, no primeiro domingo John entrou em seu carro, começou a dirigir e resolveu parar na primeira igreja que cruzasse seu caminho. Elas eram todas bem parecidas, certo?

Acabou que naquela manhã a primeira igreja que cruzou o caminho de John foi uma igreja luterana. *Hoje,* John é um grande fã do estilo luterano de culto em sua forma mais conservadora. No entanto, naquela época ele não sabia o que pensar a esse respeito. O culto começou com um homem vestindo uma toga branca bem comprida, andando lentamente pelo corredor central do santuário e balançando um grande incensário de metal preso na extremidade de uma corrente. Atrás dele, vinha uma procissão longa e imponente de clérigos lúgubres e paramentados com togas compridas. No final desse desfile curioso, vinha um homem vestido com um manto grosso que chegava ao pescoço, com bordados em ouro, segurando bem acima de sua cabeça um livro de grandes proporções encadernado com prata que John imaginou ser a Bíblia. No entanto, naquele momento ele ficou tão confuso com o que via que não ficaria muito surpreso caso descobrisse que o livro era um tomo antigo imbuído de poderes talismânicos necessários para apaziguar um deus mesopotâmico.

Tudo bem, ele ficaria um *pouco* surpreso se descobrisse isso. Mas podemos afirmar com segurança que John

A igreja

estava fora de seu ambiente naquele dia. Por exemplo, ele não fazia a menor ideia do que era essa coisa da ceia. O ir à frente, ajoelhar no genuflexório, colocar as mãos como se estivesse implorando por alguma coisa, o lance em que *todos* bebem da mesma taça de ouro (aparente não era tão anti-higiênico como ele sempre supôs que seria).

E quanto a esse negócio do "corpo e sangue de Cristo"? (Caso esteja se fazendo a mesma perguntas, veja a pergunta "O que são os sacramentos?", na página 289). Era para mastigar aquele disquinho branco ali mesmo na hora em que o recebeu e simplesmente torcer para que ele descesse antes de a taça chegar, ou enfiar o disquinho debaixo da língua por algum tempo e, assim, conseguir bebericar o vinho sem engasgar nem enojar todo mundo espirrando tudo da boca?

Uma coisa ficou clara: todo mundo ali sabia o que estava fazendo. E John, que não era nada tolo, teve a esperteza de imitar o que as pessoas faziam.

No entanto, pode crer que no domingo seguinte John tentou outra igreja, e depois outra... até que, em algum momento, ele encontrou uma — à la Cachinhos Dourados — na qual se encaixou muito bem. (Hoje, John é episcopal. Isso quer dizer que ele hoje vai a cultos quase idênticos àquele culto luterano que, dez anos atrás, tanto o assustaram. John também gostaria que você soubesse que ele é o orgulhoso possuidor do conhecimento de que o incensário que balança em uma corrente, usado frequentemente nas igrejas litúrgicas, chama-se *turíbulo*. E, caso você queira saber o que é uma igreja litúrgica, veja a pergunta "O que é uma igreja litúrgica?", na página 283).

Antes de se dispor a encontrar uma igreja, seria sensato fazer a si mesmo o tipo de perguntas que lá atrás John não considerou. Por exemplo, você tende a ser mais liberal ou conservador? Você acha que pode sentir-se à vontade com um culto formal, estruturado e tradicional, ou com um culto menos rígido e de estilo mais contemporâneo? Você acha que se sentiria melhor em um ambiente menor, acolhedor e mais íntimo, ou num ginásio gigante lotado com centenas ou mesmo milhares de pessoas?

Em outras palavras, antes de sair à caça de uma igreja, gaste algum tempo considerando que tipo de pessoa você é e que tipo de igreja pode naturalmente ter sua preferência. Pois, independentemente de suas necessidades ou preferências individuais, há formidáveis chances de existir alguma igreja a alguns quilômetros de sua casa que o satisfará ou excederá suas expectativas.

Também não subestime o poder da *internet* como ferramenta para o ajudar na busca por uma igreja. A maioria das igrejas tem algum tipo de *site* no qual apresenta um monte de informações sobre si. Você pode ter uma noção do tamanho da igreja, as atividades que promove ou enfatiza, suas principais convicções — normalmente em "Declaração de Missão" ou "Declaração de Fé" —, sua história, as missões que apoia ou patrocina, as atividades que oferece, histórico, uma ideia sobre a equipe ministerial, e assim por diante.

A igreja

Depois de assistir a um ou dois cultos na igreja que talvez seja a certa para você, não seja tímido e pergunte sobre algo específico que possa querer saber. Faça questão de marcar um encontro com o pastor, que ficará contente de conceder este tempo a você. Certifique-se de levar uma lista de questões sobre as quais o pastor possa dar esclarecimentos. Pergunte sobre a filosofia da igreja e sua teologia. Por exemplo, pergunte sobre quaisquer questões contemporâneas que você considere importante. Qualquer coisa que parecer algo que vale a pena saber é algo que vale a pena perguntar.

Normalmente, os pastores sentem orgulho de sua igreja, e orgulho da obra que sua igreja está realizando. É raro o pastor que não quer compartilhar o assunto sobre o qual você quer saber (e, esperamos, raro é o pretendente a frequentador que permanece numa igreja cujo pastor não esteja inteiramente disposto a dar esclarecimentos). Acredite: os pastores adoram esse tipo de conversa.

Finalmente, esteja preparado para ficar surpreso. John e sua esposa ainda estavam procurando o local certo para eles quando, num domingo, sem nenhum motivo em particular, decidiram visitar uma igreja episcopal. Em cinco minutos daquele culto matutino, a esposa de John se virou para ele com lágrimas nos olhos. John também experimentara uma grande comoção em seu coração.

E bem assim, vindo do nada, eles souberam que tinham encontrado uma igreja.

O maravilhoso de se envolver com uma igreja é conhecer as pessoas de lá. Embora nem sempre você vá conhecer todas as pessoas que frequentam sua igreja, pelo menos todos os que frequentam conhecem a mesma pessoa: o pastor.

Qual é o tamanho do impacto que a personalidade do pastor costuma ter em sua igreja?

A personalidade do pastor normalmente exerce um impacto enorme naquilo que acaba sendo a personalidade de sua igreja. Em certo sentido, as igrejas são como as empresas: como você, sem dúvida, está ciente, se tem passado tempo demais no mundo corporativo, as empresas têm uma forte tendência de refletir a personalidade e o caráter de quem estiver no topo de sua cadeia alimentar. Chefes amigáveis que têm como política deixar a porta aberta geram escritórios acolhedores e interativos. Chefes centrados em si e que comandam usando o medo incentivam o mesmo tipo de característica em seus escritórios.

A diferença principal e pertinente entre empresas e igrejas é que seus presidentes são normalmente designados por líderes corporativos, enquanto pastores costumeiramente são contratados ou, pelo menos, aprovados oficialmente por um grupo composto de membros estratégicos da congregação. Em outras palavras, chefes ou supervisores no mercado corporativo costumam ser escolhidos de cima para baixo, enquanto os pastores costumam ganhar uma posição de baixo para cima.

A igreja

Entretanto, em certo sentido acaba sendo a mesma coisa: normalmente, de um jeito ou de outro, os pastores e os membros da congregação terminam muito naturalmente refletindo com precisão um ao outro. Por isso, sempre é uma boa ideia conhecer o pastor da igreja. É boa a probabilidade de você gostar da igreja se gostar do pastor. Quando se trata de um pastor, o caráter conta. Pastores com caráter são servidores. Assim, uma bela pergunta a ser feita por qualquer membro de igreja é "O pastor tem coração de servo?" (também ajuda se os sermões do domingo não forem entediantes). Lembre-se também de que dificilmente o pastor é a única pessoa que serve e que faz da igreja tudo o que ela é.

Qual é a estrutura organizacional da maioria das igrejas?

Geralmente, depende do tamanho da igreja. Uma igreja pequena no interior pode ser composta apenas por um pastor e os membros da congregação, enquanto uma enorme igreja, na cidade ou nos bairros chiques mais afastados, pode ter um organograma que se parece com algo que encontraríamos se tivéssemos acesso às informações do departamento de recursos humanos da Microsoft.

As responsabilidades da maioria dos membros da equipe ministerial — que, mais uma vez, podem ou não ser remunerados, dependendo da igreja e de seus recursos

— geralmente caem em cinco categorias de empregos eclesiásticos bem padronizados: conselho, ministérios, programas, administração e patrimônio. Vamos examinar rapidamente cada uma dessas categorias.

Conselho

Esse grupo costuma ser formado por pessoas que frequentam a igreja há muito tempo, que se importam muito com ela, que sempre trabalharam em seu favor, e que são reconhecidos por outros membros pela qualidade de sua opinião e discernimento. O conselho de uma igreja normalmente contrata o pastor principal e quase sempre pode exonerá-lo.

Equipe ministerial

O *pastor principal* define, articula e apresenta o direcionamento para a igreja, além de sua ênfase espiritual. Também prega a maioria dos sermões de domingo. Basicamente, é cachorro grande vivendo numa casa especialmente divina.

O *pastor auxiliar* tem uma gama de responsabilidades ministeriais e administrativas. Pense nele como um vice-presidente. Muitas igrejas grandes têm mais de um pastor auxiliar.

Os *diáconos* e *diaconisas* normalmente são leigos, às vezes são clérigos, e *sempre* estão voltados para o serviço

A igreja

— a palavra grega *diakonos* significa "servo, ministro, garçom". Essas pessoas costumeiramente são a vida e o sangue da igreja.

Os *presbíteros* demonstraram ter sabedoria que lhes angariou respeito, autoridade e responsabilidades destacadas na igreja. (Em Tito 1.6-9, encontramos uma bela descrição das qualidades desejáveis em um presbítero: "É preciso que o presbítero seja irrepreensível, marido de uma só mulher e tenha filhos crentes que não sejam acusados de libertinagem ou de insubmissão. Por ser encarregado da obra de Deus, é necessário que o bispo seja irrepreensível: não orgulhoso, não briguento, não apegado ao vinho, não violento, nem ávido por lucro desonesto. Ao contrário, é preciso que ele seja hospitaleiro, amigo do bem, sensato, justo, consagrado, tenha domínio próprio e apegue-se firmemente à mensagem fiel, da maneira que foi ensinada, para que seja capaz de encorajar outros pela sã doutrina e de refutar os que se opõem a ela").

Equipe de programas

Varia, mas tipicamente é composta por todos ou por uma combinação do seguinte: o *diretor de missões* supervisiona a obra missionária local, nacional ou internacional que é apoiada ou patrocinada pela igreja.

O *diretor de educação religiosa* supervisiona, faz grades curriculares e frequentemente determina as várias horas de aulas e oportunidades educacionais oferecidas pela igreja ou por intermédio dela.

O *diretor de evangelismo* supervisiona esforços evangelísticos e, essencialmente, trabalha para trazer gente de fora da igreja para dentro dela.

O *diretor do ministério jovem* supervisiona programas e ministérios adaptados aos adolescentes da igreja.

O *diretor do ministério infantil* supervisiona o ministério com os pequeninos!

O diretor do *ministério da mobilidade para a terceira idade* pode ser apresentado com este lema: "Não consegue chegar à igreja? Graças a nossos abençoados voluntários, a igreja pode ir até você!"

O *diretor de música e artes* supervisiona as principais construções e reformas (brincadeira!). O que seria de um culto sem planejamento e direção de música?

Administração

Gestor, diretor financeiro, contador e outras funções relacionadas.

Patrimônio

Quando você quer ver alguma obra *palpável* realizada, para quem você liga — que não o diretor de música e artes? A manutenção e o cuidado de prédios e terrenos são vitais para uma igreja acolhedora.

A *igreja*

E aí estão os fundamentos da hierarquia organizacional da maioria das igrejas. Com *exceção* da... rufem os tambores, por favor... a mais que importante e sempre crucial...

Secretária da igreja!

As pessoas acostumadas à vida da igreja sabem aquilo que os de fora dificilmente suspeitariam: na verdade, é a *secretária* que toma conta da igreja. Evidentemente, dizemos isso com voz miúda. É bem provável que você teria de pesquisar para encontrar um pastor que não ficaria feliz ao concordar que, em relação à sua igreja, é bem esse o caso. O quadro típico é que a secretária sabe de tudo e conhece todos que têm *algum tipo* de relação com a igreja.

Aqueles que por alguma razão lidam com muitas igrejas diferentes — tais como vendedores, representantes, oficiais do governo, líderes comunitários etc. — aprendem uma coisa com muita rapidez, ou gostariam de ter aprendido: para quem deseja ter um envolvimento produtivo com algum aspecto da vida de alguma igreja, ai daquele que não fizer questão de começar muito respeitosamente o contato com a secretária da igreja. Tente fazer desvios, ou passar por cima, ou por algum motivo dar de cara com o lado escuro da secretária, e você provavelmente descobrirá que, por algum motivo, não consegue conversar com ninguém na igreja: ninguém está em sua sala quando você liga, parece que ninguém recebe seus recados, nunca ninguém responde a seus *e-mails*, cartas ou faxes. Se, em contrapartida, você der motivos para a secretária pensar bem a seu respeito, então descobrirá que — quem iria saber? — por acaso o pastor tem um horário vago na quinta de tarde, ou o comitê de missões com quem você gostaria de falar estará em reunião na casa daquele irmão na quarta que vem, ou ser informado com antecedência que a reunião do conselho do mês seguinte foi adiada em uma semana.

Resumindo, a maioria das secretárias enxerga a família da igreja como uma extensão da verdadeira família de sangue. E você sabe como são as mães com seus parentes. Assim como existe um monte de famílias em qualquer vizinhança, existe um monte de famílias "cristãs" ao redor do país e do mundo.

Por que existem tantas denominações cristãs?

Embora na América de hoje haja cerca de 15 mil denominações protestantes — e mais de 30 mil no mundo todo), na verdade a pergunta deve ser: "Por que o número de denominações cristãs não é *maior*?". (Dito isso, espere dez minutos e haverá. Novas denominações brotam constantemente.)

Se você tem um irmão ou irmã — ou conhece alguém que tem um irmão ou irmã, ou conhece quem quer que seja —, então já faz uma boa ideia de por que existem tantas denominações cristãs.

É certo que as pessoas gostam de fazer as coisas do próprio jeito, não é?

A igreja

É importante lembrar que, no tocante às denominações protestantes, no geral as diferenças são ligeiras quando comparadas à magnitude de todas as convicções que têm em comum. (veja a pergunta "Qual é a coisa mais importante na qual devo acreditar para oficialmente ser considerado cristão?", na página 23). Essas convicções estão maravilhosamente encapsuladas naquilo que se conhece como Cinco *Solas*. *Sola* é a palavra em latim para "apenas" ou "somente": as *Solas* são lemas, ditos, em torno dos quais os grandes reformadores do século XVI se arregimentaram e que os protestantes ainda sustentam com firmeza.

Formulados em contraposição aos ensinos da era da Igreja católica romana, os lemas são:

Sola fide! (Somente pela fé!)

Significado: não podemos nos salvar por meio de obras, não temos a capacidade de conquistar o céu. Somos salvos pela fé, e pela fé somente.

> Sustentamos que o homem é justificado pela fé, independente da obediência à Lei (Romanos 3.28).

Sola gratia! (Somente pela graça!)

Significado: a graça, que é gratuitamente concedida por Deus, é mais do que necessária para a salvação de nossa alma e para a fé que temos naquele que salva. Antes, a graça é *suficiente* para nossa salvação e fé (veja também a pergunta "O que significa 'salvo pela graça'?", na página 34).

Aos que o receberam, aos que creram em seu nome, deu-lhes o poder de se tornarem filhos de Deus, os quais não nasceram por descendência natural, nem pela vontade da carne nem pela vontade de algum homem, mas nasceram de Deus (João 1.12,13).

Solus Christus! (Somente Cristo!)

Significado: para sermos salvos, não é preciso de ninguém — nenhum mediador, sacerdote, bispo nem qualquer outra pessoa —, de *ninguém* além de Jesus Cristo.

Respondeu Jesus: "Eu sou o caminho, a verdade e a vida. Ninguém vem ao Pai, a não ser por mim" (João 14.6).

Sola Scriptura! (Somente pelas Escrituras!)

Significado: existe um único Deus, e a Bíblia é sua Palavra. Nenhuma outra autoridade é necessária ou prioritária. Na Bíblia, temos a mente e o coração de Deus, igualmente acessíveis a todos (veja a pergunta "O que exatamente é a Bíblia?", na página 191).

Toda a Escritura é inspirada por Deus e útil para o ensino, para a repreensão, para a correção e para a instrução na justiça (2Timóteo 3.16).

A igreja

Soli Deo Gloria! (A glória somente a Deus!)
Significado: louve, dirija suas súplicas, volte-se, dependa e tenha gratidão a ninguém e — certamente! — a nada, exceto ao único Deus a quem toda a glória pertence por justiça e que irradia toda a glória.

> Assim, quer vocês comam, bebam ou façam qualquer outra coisa, façam tudo para a glória de Deus (1Coríntios 10.31).

Essas são as principais convicções dos cristãos protestantes, não importa qual seja sua denominação.

É além dessas convicções centrais que pessoas bem--intencionadas, inteligentes, instruídas, espiritualmente sofisticadas começam a diferir em relação a pontos de fé mais refinados ou mais obscuros.

Alguns cristãos acreditam que as pessoas podem ser salvas em qualquer momento, e outras acreditam que somente aqueles que Deus predestinou à salvação serão salvos.

Alguns acreditam que, tendo sido salvo, não há nada que você possa fazer parar perder a salvação. Já outros dizem ser perfeitamente possível que uma pessoa consiga se expulsar do Time dos Salvos.

Alguns sustentam que o batismo correto sempre envolve um cristão adulto sendo totalmente imerso, e outros mantêm que umas poucas gotas de água derramadas sobre um bebê são suficientes.

Alguns creem que as mulheres devem ocupar os cargos eclesiásticos mais elevados, e alguns argumentam que elas devem ser principalmente vistas, mas não ouvidas.

Alguns acham que a música enaltece o culto, e outros acham que ela o deprecia.

Alguns gostam de dançar e gritar durante a adoração, e outros preferem ficar em silêncio contemplativo.

Alguns ficam sentados durante todo o culto, e outros não possuem cadeiras nem bancos no santuário.

Percebe? Há todo tipo de ser cristão!

As pessoas são diferentes. Evidentemente, tanto norte-americanos quanto brasileiros se originaram de pessoas vindas de todos os lugares do mundo, levam para a mesa do cristianismo inúmeras histórias, inclinações, convicções e tradições.

Quando pensar nas denominações, pense em história.

E a História, como se sabe, é um panorama gigantesco e complexo.

O luteranismo começou na Alemanha.

O metodismo começou na Inglaterra.

O presbiterianismo começou na Escócia.

As igrejas reformadas começaram na Suíça.

E, membro de uma denominação, você também começará aonde o Espírito Santo o conduzir em primeiro lugar.

Vamos examinar alguns aspectos diferentes dessas variedades de igrejas.

A igreja

Quantas pessoas pertencem a cada uma das principais denominações protestantes?

Uma resposta precisa para essa pergunta seria uma espécie de pegadinha. Se não por outro motivo, o censo feito nos Estados Unidos a cada dez anos — a principal fonte de informações sobre a demografia norte-americana — não contém praticamente nenhuma pergunta sobre religião — sabe como é, essa coisa de separação entre Igreja e Estado. No entanto, por meio de diversos estudos, levantamentos e pesquisas, sabemos que os números nos Estados Unidos são aproximadamente os seguintes:

Batistas	35 milhões
Metodistas	16 milhões
Luteranos	11 milhões
Presbiterianos	6 milhões
Pentecostais/Carismáticos	5 milhões
Episcopais/Anglicanos	4 milhões
Igreja de Cristo	3 milhões
Congregacionais/Igreja de Cristo Unida	2 milhões
Assembleias de Deus	1,5 milhões
Discípulos de Cristo	500 mil

Embora essas sejam as principais denominações protestantes, algumas igrejas cristãs não pertencem a nenhuma denominação.

O que é uma igreja não denominacional?

É uma igreja protestante que procura manter-se independente — que, de fato, declara claramente sua independência — de qualquer denominação estabelecida, "oficial". Não existem conjuntos de convicções e de práticas partilhadas entre todas as igrejas não denominacionais — é essa a questão —, e uma igreja não denominacional não pertence a nenhuma organização maior de igrejas. No entanto, isso não impede que as igrejas não denominacionais sejam afiliadas ou tenham parceira com igrejas denominacionais.

Cada igreja não denominacional determina as próprias convicções, princípios, doutrinas, prática etc. que lhe são específicas.

É importante lembrar que as igrejas podem ter qualquer tamanho, desde um salão único até uma megaigreja.

O que é uma megaigreja?

Uma igreja normal usando hormônios de crescimento. Não, mas agora é sério: uma mega igreja é... bem... uma igreja muito grande. Exatamente o tamanho que uma igreja precisa ter para se qualificar como uma megaigreja depende da pessoa a quem se faz a pergunta, mas o padrão usado mais comumente são 2 mil frequentadores regulares por semana. Existem cerca de 12 mil dessas igrejas nos Estados Unidos, com uma média de frequência de 35 mil pessoas. Isso significa que todas as semanas cerca de 4 milhões de norte-americanos

A igreja

cultuam em uma megaigreja. Isso representa um *montão* de hinos sendo cantados e Bíblias sendo lidas — e *donuts* sendo comidos, mas esse não é nosso assunto.

Uma megaigreja pode ser de qualquer denominação. Cerca de um terço delas não pertence a nenhuma denominação, enquanto quase 25% delas são batistas. Sendo grandes como são, as megaigrejas tendem, independentemente de sua filiação oficial, serem funcional e teologicamente independentes. Quase todas são evangelicais (e sobre o que *isso* significa, veja a pergunta "O que é um cristão evangelical?", na página a seguir). Embora existam mais megaigrejas na Califórnia do que em qualquer outro estado americano, cerca de 50% delas estão no sul, e outros 25% no oeste dos Estados Unidos. E, na média, metade delas está localizada em novos subúrbios, áreas nobres.

Se você nunca participou de um culto numa megaigreja, experimente alguma hora dessas. São divertidas, embora levem o evangelho muito a sério. E esteja pronto quando chegar a hora da contribuição: a média anual de receita de uma megaigreja é de US$ 6 milhões.

Aqui vão algumas perguntas e respostas a respeito do que significam palavras ou expressões que talvez você tenha ouvido em conversas com cristãos ou a respeito deles.

O que é um cristão evangelical?

Derivada da palavra grega para "evangelho", ou "boas-novas", a palavra "evangelical" é usada com tanta frequência, por tantos e para se referir a tanta coisa que, a esta altura, tentar isolar o significado objetivo e não contextual do termo é como pegar uma gota de mercúrio que caiu no chão: instantaneamente tudo se espalha no chão.

Dito isso, existe uma explicação muito útil dada pela Associação Nacional de Evangelicais: "A associação é uma agência de coordenação facilitadora da unidade cristã e do ministério cooperativo entre as denominações, congregações, instituições educacionais e agências de serviço nos Estados Unidos".

Quem saberia melhor do que esses caras definir o que é um evangelical?

Lê-se na "Declaração de fé" dessa associação.

Cremos que a Bíblia é a Palavra de Deus, inspirada por Deus e a única infalível e cheia de autoridade.

Cremos que existe um único Deus, eternamente existente em três pessoas: Pai, Filho e Espírito Santo.

Cremos na divindade de nosso Senhor Jesus Cristo, em seu nascimento virginal, em sua vida sem pecado, em seus milagres, em sua morte substitutiva e propiciatória por meio de seu sangue derramado, em sua ressurreição corporal, em sua ascensão até a destra do Pai, e em sua volta pessoal em poder e glória.

Cremos que para a salvação de pessoas perdidas e pecadoras, a regeneração intermediada pelo Espírito Santo é absolutamente essencial.

Cremos no presente ministério do Espírito Santo, e que sua morada nos cristãos possibilita uma vida santa.

A igreja

Cremos na ressurreição dos salvos e dos perdidos: daqueles que foram salvos para a ressurreição da vida, e daqueles que se perderam para ressurreição dos condenados. Cremos na unidade espiritual dos que creem em nosso Senhor Jesus Cristo.

Aí está. Isso basta. Teologicamente, *esse* é o significado de ser evangelical. Em termos práticos — funcionais e operacionais —, um evangelical é alguém apaixonado por disseminar o evangelho no mundo todo que ainda não ouviu, ou não deu atenção, a seu chamado de partilhar do sangue redentor de nosso Senhor Jesus Cristo (veja a pergunta "O que é a 'propiciação' feita por Cristo?", na página 153). Evidentemente, isso significa em larga medida — e certamente em qualquer dos *sentidos* tradicionais ou clássicos — que *todo* cristão é evangelical. Pois qual cristão *não* se sente naturalmente impelido a compartilhar as boas-novas do Senhor?

- Embora essas estimativas — provenientes de tantas fontes diferentes e refletindo o resultado de tantas variáveis — possam ser um tanto quanto duvidosas, é bastante seguro dizer que algo entre 30 a 35% dos norte-americanos — ou cerca de 100 milhões — são cristãos evangelicais.

O que é um cristão fundamentalista?

A definição breve: é um cristão que considera os evangelicais liberais demais. Os fundamentalistas acham que um número exagerado de cristãos, seduzidos pelo fascínio da cultura contemporânea, tem permitido que as verdades centrais e invioladas ficassem deploravelmente comprometidas pela falha consistente em protegê-las dos efeitos penetrantes e corrosivos de nossa sociedade obcecada por satisfações egoístas.

Historicamente, "fundamentalismo" estava apenas relacionado com aquilo que seus adeptos acreditavam ser doutrinas inegociáveis. Se você afirmasse 1) o nascimento virginal de Cristo, 2) a propiciação substitutiva de Cristo, 3) a inerrância da Bíblia ou sua perfeição completa, 4) a ressurreição corporal de Cristo, 5) a segunda volta literal de Cristo e a veracidade de seus milagres, então você seria um "fundamentalista", um dos que adotaram os *fundamentos* da fé cristã.

À luz dessa definição original, a maioria dos cristãos contemporâneos se qualificaria como fundamentalista.

No entanto, hoje o "fundamentalismo" é quase sempre vinculado a descrições adicionais. Por exemplo, muitos observam proibições que não são expressamente mencionadas nas Escrituras —nada de álcool nem fumo, nada de dançar nem assistir a filmes, nada de jogos de azar nem de cartas etc. Muitos adotam um conservadorismo político unilateral, e muitos se apegam à convicção de que a única tradução verdadeira e válida da Bíblia para o inglês é a *King James Version*.

Os fundamentalistas também costumam acreditar no "criacionismo dos seis dias", ou seja, insistem em que a

A igreja

Terra foi criada por Deus em seis dias literais, de 24 horas — assim, muitos fundamentalistas sustentam que a Terra tem qualquer coisa entre 6 e 10 mil anos de idade, contrapondo-se à posição evolucionista atual de que a idade da Terra está na ordem de 4,5 bilhões de anos. De um jeito ou de outro, quem estiver errado nesse debate errou *feio*.

Bem, e que tal explicar agora coisas que não são muito fáceis de explicar?

O que é "falar em línguas"?

Durante o momento da adoração, alguns cristãos passam pela experiência de se encherem de tal maneira do poder arrebatador do Espírito Santo que, entrando em uma espécie de transe extático, espontaneamente irrompem em uma "língua" que nenhuma pessoa viva de nenhum lugar compreende, incluindo eles mesmos. Aqueles que falam em línguas creem que *Deus* entende o que foram movidos a dizer. De fato, eles acreditam que, por meio do poder do Espírito, estão, durante esses arrebatados vozerios, falando a própria língua de Deus.

O fenômeno de falar em línguas se originou no milagre do Pentecoste, que é narrado no Novo Testamento, no livro de Atos. Aí está a parte central do tema (2.1-4).

> Chegando o dia de Pentecoste [do grego para "cinquenta", designando o quinquagésimo dia depois da observância judaica da Páscoa], [eles, muitos dos discípulos de Cristo]

estavam todos reunidos num só lugar. De repente veio do céu um som, como de um vento muito forte, e encheu toda a casa na qual estavam assentados. E viram o que parecia línguas de fogo, que se separaram e pousaram sobre cada um deles. *Todos ficaram cheios do Espírito Santo e começaram a falar noutras línguas, conforme o Espírito os capacitava* (grifos nossos)

Aí está: o motivo de até hoje alguns cristãos ainda "falar noutras línguas" é que, quando o fazem, estão *vivendo* a realidade da época em que o Espírito de Deus desceu com plenitude sobre a igreja. Esse acontecimento bendito e estimado é chamado de Pentecoste, e não causa admiração que frequentemente esses cristãos, os que periodicamente falam em línguas, pertençam a denominações pentecostais ou igrejas da Assembleia de Deus.

O que é "imposição de mãos"?

É quando uma pessoa impõe as mãos sobre outra pessoa. *Próxima!*

Agora sério: você em algum momento achou que este livro seria tão divertido assim?

Pensando melhor, não responda.

Em geral, "impor as mãos" se refere ao ato natural que encontramos em toda a Bíblia em que uma pessoa, normalmente com autoridade moral ou legal, impõe as mãos ou toca outra pessoa e, assim, transmite ou transfere para aquela pessoa bênçãos especiais, poder espiritual, cura, proteção ou orientação.

A igreja

A expressão tem uma importância particular para os cristãos, pois se relaciona com dois tipos de interação: cura ou outorga do Espírito Santo.

Ao pôr do sol, o povo trouxe a Jesus todos os que tinham vários tipos de doenças; e ele os curou, impondo as mãos sobre cada um deles (Lucas 4.40).

Certo sábado Jesus estava ensinando numa das sinagogas, e ali estava uma mulher que tinha um espírito que a mantinha doente havia dezoito anos. Ela andava encurvada e de forma alguma podia endireitar-se. Ao vê-la, Jesus chamou-a à frente e lhe disse: "Mulher, você está livre da sua doença". Então lhe impôs as mãos; e imediatamente ela se endireitou, e passou a louvar a Deus (Lucas 13.10-13).

Seu pai estava doente, acamado, sofrendo de febres e disenteria. Paulo entrou para vê-lo e, depois de orar, impôs-lhe as mãos e o curou (Atos 28.8).

Os apóstolos em Jerusalém, ouvindo que Samaria havia aceitado a palavra de Deus, enviaram para lá Pedro e João. Estes, ao chegarem, oraram para que recebessem o Espírito Santo, pois o Espírito não havia descido sobre nenhum deles; tinham apenas sido batizados em nome do Senhor Jesus. Então Pedro e João lhes impuseram as mãos, e eles receberam o Espírito Santo (Atos 8.14-17).

Disse Paulo: "O batismo de João foi um batismo de arrependimento. Ele dizia ao povo que cresse naquele que viria depois dele, isto é, em Jesus". Ouvindo isso, eles foram batizados no nome do Senhor Jesus. Quando Paulo lhes impôs as mãos, veio sobre ele o Espírito Santo, e começaram a falar em línguas e a profetizar (Atos 19.4-6).

O que é o batismo?

É um ato externo que simboliza um acontecimento, ou seja, a pessoa aceitar Jesus Cristo como seu Senhor e Salvador. O batismo surge diversas vezes no Novo Testamento, e sempre em um momento crítico na vida dos que dele participam.

Quando as pessoas são salvas — quando elas nascem de novo (veja a pergunta "A expressão 'nascido de novo' se refere a quê?", na página 38) — elas sentem um profundo desejo de *fazer* algo que mostre essa realidade gloriosa, que capte sua essência. Esse algo é o batismo.

Esta é a essência da ideia: assim como Cristo morreu e foi sepultado, a pessoa a ser batizada submerge na água. Assim como Cristo ressuscitou, a pessoa batizada emerge da água.

Debaixo da água, fica a vida antiga do cristão, a vida que morreu. Saindo da água com a vida purificada pelo sangue de Cristo, o cristão encontra uma vida nova e eterna!

Isso é, em essência, o sacramento divino do batismo (veja a pergunta "O que são os sacramentos?", na página 289).

Como tudo o mais na Bíblia que evidentemente é fundamental para a fé cristã, ao longo de dois mil anos o batismo foi considerado e praticado à luz de uma grande variedade de entendimentos e tradições. Hoje, diferentes escolas de pensamento defendem diferentes ideias sobre quem deve ou não ser batizado, quando e como. Alguns

A igreja

pensam que somente os adultos devem ser batizados; outros acreditam no batismo infantil. Alguns acham que se deve batizar uma pessoa assim que ela for salva; outros pensam que, sendo "apenas" um sinal externo, o ato físico do batismo pode ser adiado. Alguns acham que, apesar de salvo, o cristão deve esperar até ter "crescido em Cristo" antes de ser batizado. Algumas igrejas só aceitam uma pessoa como membro se ela for batizada nelas.

E então (como já mencionado neste capítulo, na pergunta "Por que existem tantas denominações cristãs?", na página 264), há toda a discussão a respeito da "imersão e aspersão", que trata do ato físico de usar a água do batismo.

É um palpite seguro dizer que as distinções discutidas significam mais para as pessoas do que para Deus. Se estiver em dúvida de se batizar ou não, primeiro encontre a igreja à qual quer pertencer e siga as instruções que receber lá. Independente do momento ou da forma de batismo, fique sossegado de estar na melhor companhia possível, pois o próprio Jesus começou seu ministério na terra sendo batizado por João Batista — e poderia ter sido outro?

Leia e chore — de alegria.

> Eu [João Batista] os batizo com água para arrependimento. Mas depois de mim vem alguém mais poderoso do que eu, tanto que não sou digno nem de levar suas sandálias.
>
> Ele os batizará com o Espírito Santo e com fogo (Mateus 3.11).

Então Jesus veio da Galileia ao Jordão para ser batizado por João. João, porém, tentou impedi-lo, dizendo: "Eu preciso ser batizado por ti, e tu vens a mim?" Respondeu Jesus: "Deixe assim por enquanto; convém que assim façamos, para cumprir toda a justiça". E João concordou. Assim que Jesus foi batizado, saiu da água. Naquele momento o céu se abriu, e ele viu o Espírito de Deus descendo como pomba e pousando sobre ele. Então uma voz dos céus disse: "Este é o meu Filho amado, em quem me agrado" (Mateus 3.13-17).

Sabem o que aconteceu em toda a Judeia, começando na Galileia, depois do batismo que João pregou, como Deus ungiu a Jesus de Nazaré com o Espírito Santo e poder, e como ele andou por toda parte fazendo o bem e curando todos os oprimidos pelo Diabo, porque Deus estava com ele (Atos 10.37,38).

Aquela água representava o batismo, que agora salva vocês. Este batismo não é lavar a sujeira do corpo, mas é o compromisso feito com Deus, o qual vem de uma consciência limpa. Essa salvação vem por meio da ressurreição de Jesus Cristo (1Pedro 3.21, *NTLH*).

Em um só corpo todos nós fomos batizados em um único Espírito: quer judeus, quer gregos, quer escravos, quer livres. E a todos nós foi dado beber de um único Espírito (1Coríntios 12.13).

E agora, que está esperando? Levante-se, seja batizado e lave os seus pecados, invocando o nome dele (Atos 22.16).

O que é um "pequeno grupo" na igreja?

É um pequeno ajuntamento de pessoas — digamos, de 5 a 20 pessoas — que frequentam a mesma igreja —

A igreja

embora pessoas de fora sejam convidadas e bem recebidas — e que se encontram regularmente para estudar a Bíblia e desfrutar o prazer de estar com outros que, como elas, creem em Cristo. As pessoas participam de pequenos grupos porque isso lhes possibilita refletir na Palavra de Deus e compartilhar um ambiente propício para o aprendizado, o incentivo mútuo, a formação de laços e o orar uns pelos outros (o termo "pequenos grupos" é frequentemente usado de maneira intercambiável com "grupo de estudo bíblico" (veja a pergunta "Devo entrar em um pequeno grupo em minha igreja?", na página 282).

Ir a um pequeno grupo é de muitas maneiras semelhante a ir à igreja, só que sem a roupa caprichada! Além disso, existe mais intimidade e você pode falar.

Pequenos grupos estão na moda!

Uma reunião típica de pequeno grupo é mais ou menos assim: na hora marcada, todos aparecem na casa do membro do grupo que vai ser o anfitrião. As pessoas se cumprimentam, abraçam-me, conversam amenidades e em algum momento — ou no momento determinado se o anfitrião for do tipo "tudo na hora combinada" — as pessoas se sentam, normalmente em círculo ou em volta de uma mesa. Todos pegam sua Bíblia e a abrem na passagem escolhida na semana anterior — obviamente as pessoas terão lido o texto; é sim, meu amigo, pequeno grupo também tem tarefa de casa! Alguém será o líder do estudo daquela semana ou o líder de estudos do grupo. Essa pessoa lê em voz alta a passagem, ou pede que ela seja lida de forma alternada pelos membros do grupo, ou outra variação.

A questão é: a passagem da semana é lida em voz alta. É aí que o *estudo* começa! Quem quiser pode dizer o que pensa ou sabe sobre o trecho bíblico que foi lido, ou as dúvidas que têm.

É uma maravilha ouvir as pessoas dizendo o que uma passagem, história ou mesmo uma frase significa para elas e, na sua vez, qual é o significado para você.

Depois do estudo, compartilham-se os pedidos de oração, as pessoas oram, comem-se os petiscos, bebe-se café ou refrigerante, mais abraços e todos voltam para casa sentindo-se aconchegados pelo Espírito Santo dentro de si.

Uma maneira bem melhor de passar a noite do que ficar sentado em casa assistindo à televisão, não acha?

Pois onde se reunirem dois ou três em meu nome, ali eu estou no meio deles (Mateus 18.20).

Exortem-se e edifiquem-se uns aos outros, como de fato vocês estão fazendo (1Tessalonicenses 5.11).

Devo entrar em um pequeno grupo em minha igreja?

Sim. Certamente. Não há dúvida. Sim. Entre. E, se você frequenta uma igreja que não tem pequenos grupos, comece você mesmo o primeiro.

A igreja

O que é uma igreja litúrgica?

Durante a Reforma, o movimento protestante que brotou das raízes da Igreja católica (veja a pergunta "O que significa 'salvo pela graça'?", na página 34), algumas ramificações da nova igreja, embora tivessem adotado as convicções e os princípios protestantes, viram nas antigas formas e estruturas do culto católico muita coisa de valor que quiseram preservar. Elas compreendiam que a maneira tradicional, ritual e formal de adoração sempre teria uma ressonância poderosa e profundamente inspiradora.

Coisas básicas como a procissão de clérigos paramentados pelo corredor central, o uso de incenso, a incorporação de símbolos religiosos, a recitação conjunta de oração — tal como o Pai-nosso —, as falas responsivas depois das petições a Deus lidas em voz alta, a observação do ano eclesiástico (veja a pergunta "O que é o 'ano eclesiástico'?", na página 284), seguir um lecionário (veja a pergunta "O que é um lecionário?", na página 288), e a realização dos sacramentos (veja a pergunta "O que são os sacramentos?", na página 289), tudo isso marca as práticas de culto típicas de uma igreja litúrgica.

Liturgia vem da palavra grega que significa "obra do povo". Se você já participou de um culto numa igreja litúrgica, então entende em que sentido os adoradores fazem sua *obra*. Há muita participação nas igrejas litúrgicas: todos estão sempre se levantando ou sentando ao mesmo tempo, todos oram juntos em voz alta, e todos vão até o altar em fila para receber a ceia. Em muitas das igrejas protestantes, as congregações se sentam, assistem ao culto e cantam juntas. Nas igrejas litúrgicas, as pessoas ficam — relativamente — ocupadas.

As principais denominações litúrgicas nos Estados Unidos são a luterana e a episcopal — observe a ironia de que a denominação que recebe o nome de Martinho Lutero, que tem o crédito de ser ponta de lança do movimento radical que resultou nas primeiras igrejas que se opuseram ao catolicismo para então romper com ele, adota práticas mais próximas da Igreja católica do que as igrejas protestantes de quase todas as outras denominações. Lutero pode ter rejeitado algum conteúdo católico, mas ainda amava o estilo católico.

Se nunca foi a um culto luterano ou episcopal, faça uma visita. Certifique-se de ir com roupas confortáveis, pois é como ir à academia para malhar. Claro, é brincadeira. Contudo, não estamos brincando quando dizemos que em um culto assim a adoração pode ser tão bela quanto sua melhor experiência deste lado do céu.

O que é o "ano eclesiástico"?

O sistema de horas, dias, semanas, meses e anos com que estamos acostumados é apenas uma das infinitas maneiras de dividir e identificar o tempo. Uma maneira diferente e antiga de marcar a passagem do tempo que interessa particularmente aos cristãos é o ano eclesiástico,

A igreja

também chamado de calendário cristão ou ano litúrgico — às vezes, o ano cristão é tratado como festas e jejuns eclesiásticos, ou as épocas da igreja.

Desde tempos antigos, os cristãos têm usado diariamente o ano da igreja para se orientarem em relação às duas épocas mais importantes no ciclo cristão anual: a época do Natal (a encarnação de Cristo!) e a época da Páscoa (a ressurreição de Cristo!). Você quer mais *Deus* em seu calendário do que obtém apenas com o Natal e a Páscoa isoladamente? Então, desperte para o calendário da igreja, em que praticamente todos os dias do ano têm vital e tradicionalmente um lugar sagrado em relação ao nascimento, vida, ministério, morte, ressurreição e ascensão de Cristo.

Pelo fato de o ano cristão ter raízes nas observâncias litúrgicas do judaísmo antigo, não é de surpreender que, ao longo do tempo, diferentes linhagens do cristianismo desenvolveram diferentes variações do calendário da igreja. No entanto, o ano da igreja protestante costuma ser o seguinte.

O ciclo Advento — Natal — Epifania

Advento. Em vez de começar no dia 1º de janeiro, o ano-novo cristão começa no domingo que estiver mais perto do dia 30 de novembro. Esse domingo, e pelos três domingos seguintes — em outras palavras, o tempo que compreende os quatro domingos antes do Natal — é conhecido como a época do *Advento* (do latim para "vinda"). Durante essa época, a igreja se prepara litúrgica, espiritual e praticamente para a glória do dia do Natal.

Natal. Embora o Natal seja comemorado em 25 de dezembro, a *época* do Natal dura os doze dias entre 25 de dezembro e a Festa da Epifania em 6 de janeiro (portanto, os "doze dias do Natal").

Epifania. Do grego para "manifestação". É durante a época da Epifania que nos concentramos no que *significa* Deus ter assumido — ter se manifestado — uma forma humana e morrido por nossos pecados para que pudéssemos ter vida eterna. Também é a época em que as igrejas tendem a se concentrar na obra missionária: se Jesus deu tudo para nos salvar, então em troca devemos nos esforçar para ver outros salvos. A Epifania vai do fim do Natal, dia 6 de janeiro, até o começo da Quaresma.

Tempo Comum (primeira parte). Não significa "entediante, quando nada de interessante acontece". O termo deriva da palavra "ordinal", como em "numerado", e, de fato, os domingos compreendidos no Tempo Comum costumam ser chamados assim. Por exemplo: o terceiro domingo depois do Pentecoste, ou o segundo domingo antes da Quaresma.

O Tempo Comum se refere a qualquer período que esteja fora das principais épocas do ano litúrgico. Enquanto nas épocas do Natal e da Páscoa nós nos concentramos em aspectos *específicos* da vida cristã e seu significado para nós, durante o Tempo Comum pensamos naquilo que

A *igreja*

Cristo significa para a vida como um todo. Durante os "tempos comuns" da vida, Cristo pode, e deve, significar para nós o mesmo que significa em qualquer outra época.

A oitava da Páscoa

Quaresma. Um período de quarenta dias baseado nos quarenta dias de tentação que Jesus passou no deserto. É um período de jejum, oração, autoexame e arrependimento em antecipação pelo dia em que Cristo sacrificou-se como propiciação de nossos pecados.

Semana Santa. Às vezes, chamada de Semana da Páscoa, por causa dos acontecimentos impressionantes e terríveis que se desenrolaram entre o Domingo de Ramos — o dia em que Jesus entrou triunfantemente em Jerusalém em cima de um jumento — e o Sábado de Aleluia — o dia seguinte ao sepultamento de Jesus, depois de seu sofrimento e crucificação na Sexta-feira Santa.

Páscoa. A razão de nossa alegria e esperança! A Páscoa é a festa mais importante do ano eclesiástico. Todos os domingos da época da Páscoa, que dura ao todo cinquenta dias, é uma celebração da gloriosa ressurreição de nosso Senhor e Salvador (veja a pergunta "Por que a ressurreição de Cristo é tão importante para mim?", na página 160).

Pentecoste. Esse dia celebra a ocasião da primeira vez em que o Espírito Santo desceu sobre os discípulos cristãos (veja a pergunta "O que é 'falar em línguas'?", na página 275). O Pentecoste é o último dia da época da Páscoa, que cai no quinquagésimo dia depois da Páscoa. O domingo de Pentecoste é um dia tradicional para batismos e para o crisma de novos cristãos.

Tempo Comum (segunda parte) Do dia de Pentecoste até o primeiro domingo do Advento.

Esse é o calendário da igreja! Evidentemente, dentro dele estão muitos e significativos dias litúrgicos, três dos quais são a Quarta-feira de Cinzas (a primeira dos quarenta dias da Quaresma), o batismo do Senhor (normalmente celebrado no primeiro domingo depois da Epifania), e o domingo da Trindade (o primeiro domingo depois do Pentecoste, quando se celebra a Trindade). Se você não tem familiaridade com o ano da igreja, considere a possibilidade. Compartilhar o ciclo sazonal com muitos outros cristãos para diariamente sincronizar sua vida com a de Cristo não pode fazer outra coisa que não aprofundar sua compreensão e apreço por ele.

O que é um lecionário?

Numa igreja litúrgica, todo dia tem um significado importante em relação à vida e ao propósito de Cristo. Assim, todo dia está associado a passagens específicas da Bíblia que os cristãos são incentivados a ler e refletir. Normalmente, cada leitura indicada contém quatro partes: uma passagem do Antigo Testamento, um salmo inteiro ou parte dele, uma leitura de uma das epístolas, e um trecho de um dos Evangelhos. Essas seleções de passagens

A igreja

bíblicas, junto com a maneira específica de ordená-las, compõem o *lecionário* — a palavra também se refere ao livro físico no qual constam essas leituras, do mesmo jeito que *calendário* se refere ao sistema de marcação de tempo e também ao item que você efetivamente pendura na parede. A grande maioria das igrejas ao redor do mundo que usa um lecionário — católica romana, episcopal, anglicana, luterana, presbiteriana, metodista, batista, reformada etc. — usa o mesmo lecionário, o *Lecionário comum revisado* (LCR).

A beleza do LRC é que, se você ler todos os dias os textos indicados, ao longo de dois anos terá lido toda a Bíblia. Se em todos os domingos na igreja você apenas ouvir as leituras indicadas para aquele domingo, então, no curso de três anos terá ouvido a Bíblia inteira. E, o tempo todo, cada passagem que você ler ou ouvir terá uma importância especial para aquele dia em particular dentro do ciclo do calendário cristão.

Esse lecionário é mesmo uma beleza, não é?

O que são os sacramentos?

Sabe como às vezes as perguntas mais básicas podem ser as mais difíceis de responder? Bem, essa pergunta é uma delas. Lá atrás, nos séculos XV e XVI, as convicções e a prática referentes aos sacramentos cristãos tiveram tudo a ver com a divisão definitiva entre protestantes e católicos. É *nesse* tipo de história intelectual, filosófica e teológica que toda a questão dos sacramentos está envolvida. É um monte de mentes privilegiadas, ao longo de um período muito longo, refletindo em alto nível sobre algo que tem sido uma preocupação central para os cristãos durante dois mil anos.

Dito isso, o resumo é o seguinte: os protestantes têm dois sacramentos, e os católicos têm sete. Os sacramentos dos protestantes são o batismo e a eucaristia — comunhão ou ceia do Senhor. Os sacramentos dos católicos são estes e mais crisma, penitência — confissão —, unção dos enfermos, ordem sacerdotal e casamento — matrimônio.

A palavra "sacramento" vem do latim *sacramentum* — quem sabe, talvez, seja aquela cidade lá de Minas? E ainda tem gente que não acha que os protestantes são divertidos. Na verdade, *sacramentum* significa "tornar sagrado". E é exatamente essa a ideia por trás dos sacramentos: algo sagrado acontece quando eles são ministrados.

Não iremos muito a fundo nas diferenças entre a visão dos católicos e a dos protestantes quanto ao que de fato acontece quando os ritos de um sacramento são ministrados ou recebidos. Por ora, saiba que a principal diferença entre as duas visões gira em torno de saber se o próprio Jesus modelou e prescreveu determinado sacramento. Caso ele não tenha feito isso — se na Bíblia nunca vemos Jesus ministrar ou receber um sacramento, e nunca o ouvimos dizer aos seguidores que ministrassem ou recebessem um sacramento —, os protestantes acreditam que não há lugar na igreja para um rito formal.

A igreja

(Lembre-se da seção *Sola Scriptura!* [Somente as Escrituras!] na pergunta "Por que existem tantas denominações cristãs?", na página 264. Tem muito a ver com esta questão: se não está *explicitamente* definido na Bíblia, os protestantes afirmam que não se deve elevar à condição de sacramento. Estamos colocando preto no branco — em torno dos sacramentos, existem variações no pensamento e na prática que atravessam todas as igrejas e denominações cristãs —, mas é a ideia geral.)

Ninguém questiona que Jesus participou da eucaristia (comunhão ou ceia do Senhor) e do batismo — ninguém duvida que esses sacramentos foram *instituídos* por Cristo — e assim católicos e protestantes sempre concordaram que estes merecem um lugar de proeminência na vida e na prática da igreja (como maneira de enfatizar sua teologia não sacramental, os protestantes às vezes usam *tradição* ou *ordenança* em vez de *sacramento*).

Deixaremos para você a tarefa de descobrir em outras fontes os motivos pelos quais o catolicismo vai além dos dois sacramentos para reconhecer os outros cinco. (No entanto, faça questão de tirar proveito das recompensas de examinar esse tema. A teologia católica está firmada num amor e apreço deste mundo bem terreno no qual vivemos, algo de que os protestantes, que sempre estão de olho nos céus, podem às vezes se beneficiar. A passagem dos últimos quinhentos anos mostra que é seguro afirmar que protestantes e católicos podem aprender muito uns com os outros. *Certamente* é verdade que ambos têm entre si mais coisas em comum do que divergências).

Assim, quando você ouvir a palavra "sacramento", se estiver em um contexto protestante, pense no batismo ou na eucaristia. Se o sentido for universal ou católico, pense nesses dois e em outros cinco.

Segue um exame rápido de todos os sete sacramentos, e também o poder de Deus que, acredita-se, é liberado por meio de cada um.

O *batismo* simboliza a purificação de nossos pecados e nossa união com Cristo e sua igreja. Simboliza a morte de nosso estilo de vida antigo e pecaminoso e o novo nascimento para a glória do amor redentor que ele tem por nós (veja a pergunta "O que é o batismo?", na página 278).

A *santa eucaristia* (ceia do Senhor ou santa comunhão) comemora a última refeição de Jesus junto com seus seguidores, na noite anterior à sua crucificação. Ao comer o pão e beber o vinho que simboliza seu "corpo e sangue", comungamos com a realidade viva de Cristo da maneira mais profunda possível.

Crisma lança o cristão que já tem certa idade em um relacionamento mais pleno e amadurecido com Cristo.

A *penitência* — também conhecida como *confissão* ou *reconciliação de um penitente* — cobre com perdão os pecados daquele que os confessou integralmente e o reconcilia uma vez mais com Cristo.

Unção dos enfermos usa as bênçãos de Cristo para levar consolo e força àqueles que enfrentam as doenças.

A igreja

Ordens sacerdotais são usadas para ordenar bispos, sacerdotes e diáconos.

O casamento une homem e mulher pelo santo matrimônio. (Tudo bem, a gente estava imaginando que você já sabia.)

O que é o "dízimo"?

"Dízimo" vem de palavras gregas e hebraicas que significam "décimo". Quando os cristãos mencionam o dízimo, normalmente estão se referindo à prática de dar 10% de sua renda para a igreja.

A raiz da ideia remonta ao Gênesis, o primeiro livro do Antigo Testamento, em que encontramos a história de Abrão (viria a ser Abraão mais tarde) dando um décimo de tudo o que tinha para o rei-sacerdote Melquisedeque (v. Gênesis 14.18-20).

Não existe nenhuma passagem bíblica que oriente os cristãos a doar especificamente 10% de seus ganhos para a igreja. Cada cristão está absolutamente livre para seguir o Espírito Santo, e sua consciência, para dar quanto quiser, quando quiser, a quem quiser. Ou não.

Como regra, no entanto, podemos dizer que é uma ideia *excepcionalmente* boa que cada cristão faça aquilo que, ao longo do tempo, tantos cristãos têm feito, que é ter a disciplina de dar 10% de sua renda bruta para a igreja.

Se parece muito, é — e é esta a questão. De fato, muitos, muitos cristãos consideram 10% de sua renda o mínimo a ser doado. Por meio de suas ações, eles provam da maneira mais concreta possível que *realmente* entendem a supremacia de Deus em sua vida, que Deus sempre *está* em sua mente, que eles *realmente* confiam que o Senhor proverá, que seus olhos *estão* igualmente na próxima vida quanto estão nesta vida.

Todo mundo sabe que é melhor dar do que receber. Mas saber uma verdade e *vivenciar* essa verdade é a diferença entre olhar um cardápio e comer uma refeição deliciosa. Simplesmente não existe comparação. Comer é melhor em qualquer dos sentidos.

O fascinante quanto ao dízimo regular, automático, sem questionamentos, é que o motivo mais forte para uma pessoa *não dizimar* é, por acaso, uma motivação sensata para *dizimar*: egoísmo puro e sem adulteração.

Realmente *é* melhor dar do que receber. É um fato. Não é particularmente natural nem fácil de acreditar, mas é um fato. Dar é algo *fantástico*. Não existe nada melhor para purificar sua alma, para diminuir a carga, para o endireitar diante de Deus e de toda a sua criação.

Distribuir aquilo que o beneficiaria para que, em vez disso, outra pessoa seja beneficiada, é algo que está na mais elevada ordem de comportamento disponível para alguém. E, pelo fato de a doação altruísta refletir tão bem a ordem saudável e santa da vida, automaticamente dá àquele que contribui o melhor que a vida tem para oferecer: a alegria bendita e divina que acompanha aquele que voluntariamente se eleva acima do asqueroso egoísmo

A igreja

que diz "eu primeiro", do egoísmo que constante e sutilmente causa a erosão da qualidade da experiência humana.

(O que os dizimistas devotados também sabem é que um dos milagres inegáveis é que você sempre obtém o retorno — às vezes em dinheiro vivo — bem mais do que o ofertado. *Todo* cristão que dizima regularmente tem uma história sobre uma ocasião em particular quando, embora os tempos fossem difíceis, ainda assim decidiram dar ao Senhor — e logo depois disso receberam uma bênção vinda do céu que nunca teriam conseguido prever. É um modo grosseiro de apresentar a questão, mas a estratégia de investimento mais saudável na história do dinheiro é: dê para Deus até não aguentar mais. É assim que você acaba tendo tudo o que quer. De verdade, é... bizarro. Mas certamente é verdadeiro. Novamente, pergunte a qualquer cristão com uma história de dízimo que o respalde).

Você foi feito para dar.

O que você tem é apenas a *sensação* de que foi feito para obter, tomar, segurar, acumular. Mas essa sensação está baseada na pior e mais cáustica de todas as mentiras: de que você é mais importante do que Deus.

E, em relação ao dízimo, é importante observar que ninguém quer nem espera que você escolha entre si mesmo e Deus. Ninguém quer que você morra de fome, nem que se mude da sua casa, deixe de colocar seu filho na faculdade ou coisa parecida. Deus espera que você cuide dos assuntos da sua vida. O dinheiro necessário para tocar a vida não é o dinheiro sobre o qual estamos discutindo. Mas você sabe qual é o dinheiro que é mais do que o custo de tocar a vida, o dinheiro que você essencialmente desperdiça em compras ou experiências frívolas com as quais você ganha pouco ou nada (além de, muitas vezes, ganhar peso)? O dinheiro que, se for honesto consigo mesmo, você *sabe* estar sobrando. *Esse* é o dinheiro do seu dízimo. *Esse* dinheiro você pode dar a Deus e para sua obra aqui na terra.

E é muito interessante que esse dinheiro provavelmente representa com precisão os 10% da sua renda. Parece sempre funcionar desse jeito.

A vida é divertida assim.

Além disso, quando você dá a Deus, só está devolvendo a riqueza para a fonte de onde toda a riqueza provém. Você está devolvendo a Deus aquilo que era dele, para começo de conversa.

Você sabe qual é o resumo da ópera? Todas as pessoas do mundo têm duas naturezas: egoísta e altruísta. Terrena e divina. Animal e "angelical".

E dar é a maneira de instantaneamente promover-se de egoísta, terreno e animal para altruísta, divino e angelical.

Quando você dá, torna-se tão divino quanto é possível ser enquanto se vive neste mundo.

Dez por cento do bruto, direto, toda vez que receber e, bem assim, seu espírito sai a dançar no céu por uns instantes.

Você quer ser um santo, não quer?

Então dê. É realmente fácil assim. Pois é realmente *difícil* assim. E Deus sabe disso.

A igreja

Se existe uma coisa da qual Deus entende é sacrificar-se por outros.

Cada um dê conforme determinou em seu coração, não com pesar ou por obrigação, pois Deus ama quem dá com alegria (2Coríntios 9.7).

Este é meu [de Paulo] conselho: convém que vocês contribuam, já que desde o ano passado vocês foram os primeiros, não somente a contribuir, mas também a propor este plano. Agora, completem a obra, para que a forte disposição de realizá-la seja igualada pelo zelo em concluí-la, de acordo com os bens que vocês possuem. Porque, se há prontidão, a contribuição é aceitável de acordo com aquilo que alguém tem, e não de acordo com o que não tem (2Coríntios 8.10-12).

Alguém da multidão lhe disse: "Mestre, dize a meu irmão que divida a herança comigo".

Respondeu Jesus: "Homem, quem me designou juiz ou árbitro entre vocês?" Então lhes disse: "Cuidado! Fiquem de sobreaviso contra todo tipo de ganância; a vida de um homem não consiste na quantidade dos seus bens".

Então lhes contou esta parábola: "A terra de certo homem rico produziu muito. Ele pensou consigo mesmo: 'O que vou fazer? Não tenho onde armazenar minha colheita'.

"Então disse: 'Já sei o que vou fazer. Vou derrubar os meus celeiros e construir outros maiores, e ali guardarei toda a minha safra e todos os meus bens. E direi a mim mesmo: Você tem grande quantidade de bens, armazenados para muitos anos. Descanse, coma, beba e alegre-se'.

"Contudo, Deus lhe disse: 'Insensato! Esta mesma noite a sua vida lhe será exigida. Então, quem ficará com o que você preparou?'

"Assim acontece com quem guarda para si riquezas, mas não é rico para com Deus" (Lucas 12.13-21).

Tenham o cuidado de não praticar suas "obras de justiça" diante dos outros para serem vistos por eles. Se fizerem isso, vocês não terão nenhuma recompensa do pai celestial. Portanto, quando você der esmola, não anuncie isso com trombetas, como fazem os hipócritas nas sinagogas e nas ruas, a fim de serem honrados pelos outros. Eu lhes garanto que eles já receberam sua plena recompensa. Mas quando você der esmola, que a sua mão esquerda não saiba o que está fazendo a direita, de forma que você preste a sua ajuda em segredo. E seu Pai, que vê o que é feito em segredo, o recompensará (Mateus 6.1-4).

Não acumulem para vocês tesouros na terra, onde a traça e a ferrugem destroem, e onde os ladrões arrombam e furtam. Mas acumulem para vocês tesouros nos céus, onde a traça e a ferrugem não destroem, e onde os ladrões não arrombam nem furtam. Pois onde estiver o seu tesouro, aí também estará o seu coração (Mateus 6.19-21).

Mas ai de vocês, os ricos, pois já receberam sua consolação (Lucas 6.24).

Aí está: nossas respostas para cada boa pergunta a respeito do cristianismo que conseguimos imaginar alguém fazendo. Se nossa imaginação não teve o alcance suficiente — se você ainda tem perguntas para as quais gostaria de resposta, questões ou considerações que gostaria de nos ver tratando, ou se as respostas que demos o levaram a outras perguntas que gostaria de fazer — por favor, não hesite e nos diga usando nosso *e-mail* que segue. Adoraríamos que você nos escrevesse.

A igreja

Estamos tristes por ter terminado este livro, mas entusiasmados por pensar que *você*, amigo, está apenas começando a escrever a história magnífica de seu relacionamento pessoal com Jesus Cristo. Será uma tremenda história! Esteja você abraçando a fé pela primeira vez ou renovando seu compromisso com o Senhor, segure-se e ficará impressionado com a vastidão de caminhos pelos quais sua vida começará a ficar melhor a cada dia. Estar com Deus facilita nossa permanência na terra, deixa-a melhor, mais suave, profunda e recompensadora, mais produtiva e realizada. Isso *afirma* a vida de tal maneira que, a menos que a tenha vivenciado, não é de fato possível imaginar.

Comece a vivenciá-la! Abrace o Senhor! Deixe que ele o envolva! Aceite o convite que o próprio Deus em todo lugar faz a você, por dentro *e* por fora.

Vamos lá, amigo. A água, para dizer o mínimo, está ótima.

Como Paulo disse: "Há um único Deus, o Pai, de quem vêm todas as coisas e para quem vivemos; e um só Senhor, Jesus Cristo, por meio de quem vieram todas as coisas e por meio de quem vivemos" (1Coríntios 8.6).

Aí está: todas as perguntas para cada resposta que cada um de nós já conseguiu fazer.

Tudo em cima! Não se esqueça de escrever e dar um oi! Deus o abençoe!

Saudações no maravilhoso amor e na graça infinda do Senhor.

Stephen (SArterburn@newlife.com) e John (johnshore@sbc global.net)

Sobre os autores

STEPHEN ARTERBURN é fundador e presidente do *New Life Ministries* — maior ministério religioso norte-americano com transmissão de rádio, aconselhamento e tratamento — e âncora do programa de rádio *New Life Live!*, com transmissão nacional, ouvido em mais de 180 estações de rádio em todos os Estados Unidos. Palestrante conhecido nacionalmente, apareceu no *CNN Live*, no *New York Times*, *US News & World Report*, *Rolling Stone* e muitos outros formatos de mídia.

Steve fundou as conferências *Women of Faith* [Mulheres de fé], e é autor de *best-sellers* com mais de 70 livros, incluindo a série *Every Man's Battle*, livro com milhões de exemplares vendidos, e *Midlife Manual for Men*. Foi indicado para inúmeros prêmios editoriais, e ganhou três prêmios Gold Medallion por excelência na escrita.

Steve e sua família moram em Laguna Beach, Califórnia. Para saber mais, acesse <www.newilfe.com>.

JOHN SHORE, escritor e editor experiente, é autor de *I'm OK-You're Not: The Message We're Sending Nonbelievers and Why We Should Stop*; *Penguins, Pain and the Whole Shebang*; e coautor de *Comma Sense and Midlife Manual for Men*. Ele mantém um *blog* em crosswalk.com. John e sua esposa vivem em San Diego.

Esta obra foi composta em *Minion Pro*
e impressa por Imprensa da Fé sobre papel
Offset 63 g/m² para Editora Vida.